LEISE WIRD LAUT

Meine Reise zu mehr

Gelassenheit und Resilienz -

- von Stephan Luthoff

Vorwort

Ich möchte dich zu einem stillen Gespräch einladen – mit dir selbst.
Dieses Buch ist kein Ratgeber im klassischen Sinn.
Es ist eher ein Begleiter. Eine Einladung, dir zuzuhören, wenn das Leben lauter wird.
In über drei Jahrzehnten als Unternehmer, Coach und Mensch habe ich gelernt: Erfolg ist nichts ohne innere Balance.

Klarheit entsteht nicht durch mehr Information, sondern durch mehr Bewusstsein. Und Stärke zeigt sich nicht darin, alles zu schaffen, sondern darin, sich selbst zu verstehen.

Dieses Buch ist aus vielen Gesprächen entstanden – mit mir selbst, mit Klientinnen und Klienten, mit Menschen, die Rat suchten und an sich zweifelten, weil Ihnen alles zuviel wurde.

Vielleicht erkennst du dich in manchen Zeilen wieder.
Vielleicht nicht. Beides ist in Ordnung.

Ich möchte ehrlich sein:
Dieses Buch ist nicht dafür gedacht, dich „besser" zu machen. Nicht dafür, dich zu optimieren oder zu verändern, damit du funktionierst. Es soll dir helfen, auf dich selbst zu hören.

Denn du bist kein unvollendetes Projekt.
Du bist ein Prozess – lebendig, unvollkommen, echt.

Willkommen auf dieser Reise.

– Stephan Luthoff

Inhalt

Wofür dieses Buch gedacht ist (und wofür nicht)

Wenn du auf der Suche nach schnellen Lösungen bist, nach Patentantworten oder Motivation auf Knopfdruck – dann ist dieses Buch wahrscheinlich nichts für dich.

Hier geht es nicht um Perfektion, sondern um Perspektive. Nicht um Durchhalten, sondern um Dasein.

Nicht um Tipps, die du sofort „anwenden" kannst, sondern um Gedanken, die du fühlen darfst.

Ich lade dich ein, zu lesen, zu atmen, nachzudenken, und vielleicht an der einen oder anderen Stelle einfach kurz innezuhalten.

Dieses Buch soll motivieren, neue Wege für deine Gesundheit zu entdecken und bewusste Entscheidungen zu treffen.

Alle Empfehlungen und Informationen beruhen auf eigener Erfahrung, Recherche und allgemein anerkannten Erkenntnissen.

Sie ersetzen jedoch keine persönliche Untersuchung, Diagnose oder Behandlung durch eine Ärztin, einen Arzt oder andere qualifizierte Fachkräfte im Gesundheitswesen.

Bitte wende dich bei gesundheitlichen Fragen, Beschwerden oder vor Beginn neuer Maßnahmen immer an eine entsprechende Fachperson.

Der Autor übernimmt keine Haftung für Folgen, die aus einer eigenständigen Umsetzung der beschriebenen Inhalte entstehen.

Einleitung – Das Prinzip des Zuhörens

Ich habe lange gebraucht, um zu verstehen,
dass „Zuhören" nichts mit Ohren zu tun hat.
Es ist eine Haltung.

Ich habe in Meetings gesessen, in denen jeder redete,
aber niemand wirklich zuhörte.
Ich habe in Krisen gestanden, in denen mein Kopf laut war
und mein Herz leise flüsterte – und ich hörte nicht hin.

Erst als ich begann, meinen eigenen Gedanken zuzuhören,
änderte sich alles.
Ich hörte das Zittern hinter meiner Stärke.
Das Bedürfnis hinter meiner Kontrolle.
Und die Sehnsucht hinter meinem Ehrgeiz.

Dieses Buch erzählt von dieser Reise.
Von dem Weg aus dem Funktionieren in das Fühlen.
Von Stress, Angst, Unsicherheit – und der Kunst, in all dem
Ruhe zu finden.

Wenn du magst, beginnen wir dort, wo das Leben manchmal auf die Bremse tritt.

Lass uns bei mir anfangen.

Kapitel 1: Wenn das Leben auf die Bremse tritt

Ich erinnere mich noch genau an diesen einen Moment der Einsicht. Ich war auf dem Weg zu einem Kundentermin, spät dran – wie so oft – und fuhr innerlich auf Autopilot.

Draußen Nieselregen, drinnen mein Gedankenkarussell: *"du musst noch die Umsatzprognose fertigstellen, dann später das Personalgespräch, Termin mit dem Steuerberater, die Präsentation beim nächsten Kunden."*

Mein Gehirn hatte die Geschwindigkeit eines ICEs, meine Seele saß irgendwo im Regionalzug und wartete auf Anschluss. Ich stand mit dem Auto an der roten Ampel und griff gedankenlos zum Handy. Ein Reflex, nichts Besonderes. Nur eine E-Mail checken, kurz.

Doch in diesem Moment passierte etwas: Ich sah mein Spiegelbild in der Windschutzscheibe. Graue Augen, müde. Ein Gesicht, das aussah, als hätte es vergessen zu atmen. Und zum ersten Mal seit Langem dachte ich: Ich erkenne mich nicht wieder.

Diese wenigen Sekunden – das war meine Vollbremsung. Kein Unfall, keine Katastrophe. Nur ein kurzer, stiller Moment, in dem alles zu viel und gleichzeitig nichts mehr war. Manchmal tritt das Leben auf die Bremse, weil wir selbst es nicht mehr schaffen.

Ich saß da, Motor im Leerlauf, das Herz schlug bis zum Hals, und ich hatte das Gefühl, etwas Wesentliches verloren zu haben. Nicht Geld, nicht Gesundheit, sondern Richtung.
Ich habe in meinem Leben viele Strategien ausprobiert, um den Druck zu überlisten. Noch mehr arbeiten. Noch früher aufstehen. Noch produktiver planen.

Ich konnte in 30 Minuten einen Wochenplan entwerfen, der aussah wie ein militärischer Einsatzbefehl. Was ich dabei übersah: Ich hatte gelernt zu funktionieren, aber nicht zu fühlen.

Das Paradoxe ist: Je erfolgreicher wir werden, desto weniger erlauben wir uns, innezuhalten.

Wir glauben, Ruhe sei Schwäche, Stillstand sei Rückschritt. Aber das Gegenteil ist wahr: In der Ruhe holen wir uns die Kontrolle zurück.

Coaching-Impuls: Der stille Alarm

Wenn dein Körper dich stoppt – durch Müdigkeit, Gereiztheit, Konzentrationsschwäche –,
dann ist das kein Fehler, sondern eine Notbremse.
Er signalisiert: „Ich kann dich nur weitertragen, wenn du mich hörst."
Der Körper ist kein Gegner deiner Ambitionen, er ist das Fundament deiner Möglichkeiten.

Reflexionsfrage:
Wann hast du das letzte Mal auf die Bremse getreten, bevor dich etwas gezwungen hat ?

Viele meiner Klienten – Unternehmer, Führungskräfte, Lehrer, Eltern – erzählen dasselbe:

„Ich weiß, dass ich langsamer machen sollte, aber ich habe Angst, dass dann alles zusammenbricht."

Meine Antwort darauf ist immer die Gleiche:
„Das ist ein weitverbreiteter Irrtum. Wenn du innehältst, fällt nicht alles auseinander – du fällst nur aus dem falschen System raus."

Ich erinnere mich an eine Woche, in der alles zusammenkam: Zwei Mitarbeiter kündigten, ein Auftrag platzte, ein Kunde zahlte nicht. Ich schlief schlecht, aß zwischendurch und redete mit niemandem über das, was in mir los war.

„Wird schon wieder", war mein Lieblingssatz – und zugleich meine Schutzwand. Aber die Wahrheit ist: Nichts wird einfach so „wieder", wenn man nicht innehält.

Ich war wie ein Fahrer, der bei 180 km/h die Augen schließt und hofft, dass die Straße frei bleibt. Dann kam der Tag, an dem ich nicht mehr weiterkonnte. Nicht, weil etwas Drama-tisches passierte, sondern weil nichts mehr ging.

Der Akku war leer, das System überhitzt, und ich wusste: Jetzt muss ich raus aus dem Hamsterrad, oder ich bleibe darin stecken.

Das war der Anfang meiner eigentlichen Karriere – nicht als Unternehmer, sondern als Selbstunternehmer.

> **„Stärke zeigt sich nicht darin, wie lange du durchhältst, sondern wann du den Mut hast, eine Pause zu machen."**

Ich begann, mit Stille zu experimentieren.
Am Anfang war sie furchtbar.
Wenn man 30 Jahre auf Dauerton lebt, fühlt sich Stille an wie ein Stromausfall.

Ich erinnere mich an die erste bewusste Pause – 10 Minuten am Morgen, ohne Handy, ohne Radio, nur ich und mein Kaffee. Ich wusste nicht, wohin mit meinen Gedanken. Ich zappelte, ich gähnte, ich zählte Sekunden.

Aber irgendwann wurde aus der Stille kein Feind mehr, sondern ein Raum. Ein Raum, in dem Gedanken aufräumen, Gefühle sortieren und Energie neu entstehen konnte.

Ich begann, kleine Fragen zu stellen, statt große Antworten zu suchen.

Self-Coaching in der Praxis

Self-Coaching bedeutet nicht, dass du keine Hilfe brauchst.

Es bedeutet, dass du lernst, dich selbst wahrzunehmen, zu steuern und zu unterstützen.

Das geschieht in drei Schritten:
1. Beobachten – ohne Urteil.
2. Benennen – was wirklich da ist.
3. Bewegen – in kleinen, bewussten Schritten.

Wenn du dich überfordert fühlst, erinnere dich:

Du brauchst keine neue Strategie – du brauchst eine neue Haltung.

Nicht: „Was will ich vom Leben?“
Sondern: „Was brauche ich heute?“
Das ist der Kern von Self-Coaching: Nicht alles auf einmal ändern, sondern heute einen echten Kontakt zu dir selbst herstellen.

Ich begann, kleine Rituale zu entwickeln:

- Jeden Morgen eine Minute bewusst atmen.
- Nach jedem Meeting kurz strecken und tief durchatmen.
- Vor dem Schlafen drei Dinge notieren, für die ich dankbar war.

Am Anfang dachte ich, das sei zu banal, um etwas zu bewirken. Doch genau darin liegt der Trick: Das Gehirn liebt Wiederholungen. Je kleiner der Schritt, desto höher die Erfolgswahrscheinlichkeit.

Und so lernte ich:
Balance beginnt nicht mit großen Plänen, sondern mit kleinen Pausen.
Das ist der Moment, an dem das Leben nicht mehr gegen dich arbeitet, sondern mit dir.
Wenn du lernst, in der Pause zu atmen, statt sie zu vermeiden, öffnet sich ein Raum, in dem du dich wieder spüren kannst. Und genau dort beginnt Heilung – nicht als esoterisches Versprechen, sondern als biologische Realität: Der Parasympathikus übernimmt wieder die Führung, Cortisol sinkt, Herz und Atem finden ihren Rhythmus, und das System reguliert sich.

Ich sage oft zu meinen Teilnehmern:
„Der Körper ist wie ein ehrlicher Geschäftspartner. Wenn du ihn ignorierst, kündigt er irgendwann.“

Stress ist nicht unser Feind. Er ist wie ein übermotivierter Mitarbeiter: gut gemeint, aber ohne Feingefühl für Grenzen.

Stress will dich wachhalten, fokussieren, mobilisieren – und das ist auch sinnvoll. Nur hat ihm niemand gesagt, dass du längst wach bist.

Das Problem beginnt, wenn dieser innere Mitarbeiter die Führung übernimmt. Dann sind wir nicht mehr Chef unserer Gedanken, sondern Assistent unserer To-do-Liste.

Ich erinnere mich an eine Phase, in der ich glaubte, Multitasking sei eine Superkraft. Ich schrieb Mails, während ich telefonierte, las Nachrichten, während ich frühstückte, und dachte, das sei effizient. Heute weiß ich: Ich war schlicht zu ungeduldig, um präsent zu sein.

Unser Gehirn ist nicht für Dauerbeschallung gemacht. Neurowissenschaftlich betrachtet braucht das Arbeitsgedächtnis Pausen, um Informationen zu verarbeiten – so wie ein Muskel nach Belastung Erholung braucht. Ohne diese Regenerationsphasen wird jede Tätigkeit irgendwann dumpf, bedeutungslos, leer.

Das ist der Punkt, an dem viele beginnen, zu kompensieren: Mehr Kaffee, mehr Termine, mehr Ablenkung.

Wir übertönen die Signale des Körpers, bis sie lauter werden – Kopfschmerz, Gereiztheit, Schlaflosigkeit. Die eigentliche Nachricht lautet dann: „Ich kann dieses Tempo nicht mehr mitgehen."

"Stress ist nicht unser Feind. Er ist wie ein übermotivierter Mitarbeiter: gut gemeint, aber ohne Feingefühl für Grenzen."

Coaching-Impuls: Der Resilienz-Check-In

Wenn du wissen willst, wie es um deine innere Balance steht, stell dir einmal am Tag drei Fragen:

1. Wie steht es gerade um meinen Körper? (Energie, Spannung, Müdigkeit)

2. Wie klar denke ich? (Fokus, Präsenz, innere Unruhe)

3. Wie verbunden fühle ich mich? (zu mir, zu anderen, zum Moment)

Wenn du bei zwei dieser drei Punkte ein Fragezeichen setzt, ist es Zeit für eine Mini-Pause.

Du brauchst keine neue Methode. Du brauchst einen Moment der Wahrnehmung.

Ich hatte lange keine Ahnung, wie man so einen Moment findet.

Ich war ständig erreichbar, ständig verfügbar – und stolz darauf. Das Handy war mein ständiger Begleiter, fast schon eine Verlängerung meiner Hand.

Erst später begriff ich: Ich war nicht erreichbar, ich war besetzt.

„Das Gegenteil von Achtsamkeit ist nicht Stress, sondern Gedankenlosigkeit."

Was ich im Coaching immer wieder erlebe: Menschen verwechseln Kontrolle mit Stabilität. Sie denken, wer alles im Griff hat, ist stark. Aber wahre Stärke ist, loszulassen, was du nicht beeinflussen kannst – und dich dort zu fokussieren, wo du Wirkung hast.

Das ist keine Floskel, sondern eine trainierbare Fähigkeit. Das Gehirn liebt Muster. Wenn du regelmäßig kleine Momente der Klarheit einübst, verändert sich die Art, wie du reagierst. Dein Nervensystem lernt, nicht mehr bei jedem Reiz Alarm zu schlagen. Das ist Neuroplastizität in Echtzeit.

Ich nenne das „Mikro-Balance“ – den Gegenentwurf zu den großen Selbstoptimierungs-Plänen.

Du brauchst keine 10-Tage-Retreats oder teure Seminare, um ruhiger zu werden.

Du brauchst ein paar ehrliche Minuten mit dir selbst – jeden Tag.

Neuroplastik & Alltag

- Dein Gehirn reagiert nicht auf Wissen, sondern auf Wiederholung.
- Drei bewusste Atemzüge am Tag verändern messbar deinen Stresslevel.
- Jede „Mini-Pause“ stärkt die Verbindung zwischen präfrontalem Cortex (Entscheidungszentrum) und limbischem System (Emotionszentrum).

Kurz gesagt:
Du trainierst Gelassenheit wie einen Muskel.

Diese kleinen Momente sind wie Wartung für dein inneres Betriebssystem. Wenn du sie ignorierst, häufen sich Fehler im System, bis es hängt. Wenn du sie nutzt, läuft dein Denken klarer, dein Körper ruhiger, dein Leben leichter.

Ich erinnere mich noch an einen Satz, den mir mein alter Mentor Paul einmal sagte:
„*Stephan, du bist wie ein Hochleistungssportler ohne Pause. Kein Wunder, dass du im Stehen schläfst.*"
Damals habe ich gelacht. Heute weiß ich, er hatte recht.

Langsamer zu machen, bedeutet nicht, die Kontrolle abzugeben – im Gegenteil, sich auf sich selbst zu besinnen durch Innehalten, hilft dir, diese nicht zu verlieren.

Was ich gelernt habe:
Wenn das Leben auf die Bremse tritt, ist das kein Ende, sondern eine Einladung. Eine Einladung, genauer hinzuschauen, was du wirklich brauchst.

Das klingt banal – ist es aber nicht. Denn um weniger zu tun, musst du erst einmal aushalten, nichts zu tun.
Und das ist für viele von uns die schwierigste Übung.

5 Zeichen, dass dein System überlastet ist

1. **Du fühlst dich ständig „unter Strom".**
2. **Du schläfst, aber wachst nicht erholt auf.**
3. **Du reagierst gereizt auf Kleinigkeiten.**
4. **Du vergisst einfache Dinge.**
5. **Du hast das Gefühl, „neben dir" zu stehen.**

Wenn du drei oder mehr Punkte bei dir erkennst, bist du nicht kaputt – du bist überdreht.

Das ist kein Charakterfehler, sondern ein biologischer Zustand. Und der ist reversibel – mit Ruhe, Klarheit und Training.

Ich nenne das „produktive Untätigkeit" – Momente, in denen du nichts tust und gerade deshalb etwas passiert. Das sind die Augenblicke, in denen du wieder Kontakt bekommst zu dem, was in dir lebt, aber lange keine Stimme hatte.

Ich habe irgendwann verstanden, dass das Innehalten nicht der Feind der Produktivität ist. Im Gegenteil: Es ist ihre Voraussetzung. Wenn du dir Raum zum Atmen gibst, denkst du klarer, triffst bessere Entscheidungen und bist im besten Sinne wieder „geschäftsfähig".

„Mach aus Pausen ein Prinzip, nicht eine Ausnahme."

Das ist der Moment, an dem wir zur Micro-Learning-Übung kommen – der 90-Sekunden-Nullpunkt. Eine kleine, unscheinbare Technik, die mir persönlich geholfen hat, aus diesem Dauerlauf auszusteigen und meinen Kopf wieder zu steuern, statt von ihm gesteuert zu werden.

Es gibt in meinem Coaching-Alltag diese eine Übung, die ich allen Teilnehmern und Menschen, die mich um Hilfe bitten, mitgebe. Sie ist einfach, unspektakulär und kostet nichts.

Viele winken am Anfang ab und sagen: „90 Sekunden? Das bringt doch nichts."

Und genau das ist der Punkt: Diese 90 Sekunden bringen nicht *etwas* – sie bringen **dich** zurück.

Ich nenne sie den „90-Sekunden-Nullpunkt“. Es ist eine Technik, die dich innerhalb von eineinhalb Minuten vom Denken ins Spüren bringt, vom Reagieren ins Bewusstsein, vom Getriebensein in die Selbstführung.

„Du brauchst keinen neuen Tag, um neu zu beginnen. Du brauchst nur 90 Sekunden und die Entscheidung, sie dir zu schenken.“

Diese Übung besteht aus fünf kleinen Schritten, die du überall anwenden kannst: im Büro, im Auto, vor einem schwierigen Gespräch oder einfach mitten im Alltag.

Ich habe sie über die Jahre unzählige Male getestet – bei mir, bei meinen Klienten, bei gestressten Führungskräften, bei Eltern, die zwischen Laptop und Kinderzimmer jonglieren.

Praxis: Micro-Learning – Der 90-Sekunden-Nullpunkt

Schritt 1 – Anker setzen

Wähle drei feste Momente am Tag, die ohnehin stattfinden: den ersten Kaffee, den Moment, bevor du das E-Mail-Postfach öffnest, oder bevor du nach Hause gehst.
Diese Situationen werden zu deinen **Stoppschildern**.
Du brauchst keine Erinnerung – dein Alltag selbst wird zum Lehrer.

⇩

Schritt 2 – Die 4–6–8-Atmung

Atme vier Sekunden ein, halte sechs Sekunden und atme acht Sekunden aus.
Das Ganze drei Mal.
Das verlängerte Ausatmen aktiviert den Parasympathikus – dein körpereigenes Bremssystem.
Du spürst, wie sich dein Puls senkt und deine Schultern loslassen.

Wenn du das regelmäßig übst, lernst du, dich in 30 Sekunden zu beruhigen – ohne Yoga, ohne Musik, einfach durch deinen Atem.

⇩

Warum Anker wirken
Unser Gehirn liebt Rituale.
Wenn du denselben Auslöser immer wieder mit Entspannung verknüpfst, entsteht ein neuronaler Shortcut: Dein Körper erkennt, dass jetzt Ruhe kommt – und reagiert schneller.
Konsistenz schlägt Dauer. Drei feste Anker pro Tag reichen völlig

Schritt 3 – Körpercheck

Richte deine Aufmerksamkeit auf deinen Körper. Spürst du Druck im Nacken? Ein Ziehen in der Brust? Kalte Hände?

Benenn es, ohne es zu bewerten. Sag innerlich: „Da ist Spannung." oder „Da ist Wärme." Mehr nicht.

Warum? Weil Benennen bereits Regulierung ist. Neurowissenschaftlich betrachtet schwächt die sprachliche Aktivierung (im präfrontalen Cortex) die Reaktion der Amygdala – deinem inneren Alarmzentrum.

Mit anderen Worten: Indem du merkst, beruhigst du dich.

Schritt 4 – Mini-Entscheidung

Wenn dein Körper sich beruhigt, kommt der Kopf wieder dazu.
Jetzt stell dir eine einzige Frage:
👉 „Was ist jetzt der kleinste nächste richtige Schritt?"

Nicht der beste, nicht der klügste, nicht der perfekte – der kleinste richtige. Das ist ein Unterschied.

Vielleicht ist es: „Ich gehe kurz ans Fenster."
Vielleicht: „Ich rufe jemanden an."
Vielleicht auch: „Ich tue gerade nichts – bewusst."

Diese Mini-Entscheidung bringt dich zurück in Handlungskompetenz, und das ist das Fundament jeder Resilienz.

„Klarheit entsteht nicht durch Nachdenken, sondern durch den ersten kleinen, bewussten Schritt."

Coaching-Impuls: Vom Widerstand zur Wahrnehmung

Viele Menschen wollen Stress „wegatmen".
Das funktioniert nicht – was du wegdrückst, bleibt.
Aber was du wahrnimmst, verändert sich. Sobald du sagst: „Ich bin gestresst", machst du aus einem Gefühl ein Signal.
Und Signale kann man deuten – Emotionen nicht.

Schritt 5 – Mikro-Commitment
Sag dir: „Ich beginne jetzt – für zwei Minuten."
Egal, ob es um Aufräumen, Schreiben oder Durchatmen geht. Zwei Minuten sind harmlos genug, um dich nicht zu überfordern, aber lang genug, um Momentum zu erzeugen.

Nach diesen zwei Minuten passiert oft etwas Spannendes:

Du **willst** weitermachen.
Das Gehirn hat den „Start-Widerstand" überwunden.
Und genau das ist Micro-Learning – Lernen durch wiederholte, winzige Erfolge.

Wissenschaftlich betrachtet

- Die 4–6–8-Atmung reduziert nachweislich die Herzfrequenzvariabilität (HRV) innerhalb von 60 Sekunden.
- Der bewusste Körpercheck aktiviert den „Insula-Cortex", der Körperwahrnehmung und Emotionen integriert.

Micro-Commitments wirken über das Dopamin-System – kleine Erfolge erzeugen messbar mehr Motivation.

Kurz gesagt: Diese Übung verändert deine Biochemie – nicht deine To-do-Liste

Ich habe diese 90 Sekunden irgendwann so verinnerlicht, dass sie zu meiner „inneren Handbremse“ wurden. Heute passiert es automatisch: Wenn ich merke, dass ich gedanklich beschleunige, setzt mein System den Nullpunkt.

Und das Beste: Niemand merkt es. Viele denen ich geholfen habe, machen die Übung während eines Meetings – sie nennen es „mentales Blinzeln“.

Andere üben es beim Autofahren an der roten Ampel oder im Supermarkt, während die Kasse streikt.

Das Schöne daran: Du brauchst keine Meditation, keine App, keine Zeit – nur dich selbst.

Typische Stolperfallen

1. Du denkst, du musst dich entspannen.
– Nein. Du musst nur präsent sein. Entspannung kommt danach.

2. Du willst es perfekt machen.
– Perfektionismus ist die beste Form der Selbstsabotage.

3. Du vergisst es ständig.
– Dann setz sichtbare Anker: ein Klebepunkt auf der Tastatur, ein Stein im Auto, ein Timer am Handy.

Coaching-Impuls: Was tun, wenn's nicht klappt?

Mach's trotzdem.
Selbst wenn du nur merkst, dass du's vergessen hast – das ist schon Achtsamkeit.

Micro-Learning heißt: Lernen in Etappen, nicht in Idealen.
Es geht nicht darum, wie oft du innehältst, sondern dass du es immer wieder versuchst.

Ich erinnere mich an Karsten, Manager einer großen Internetfirma, der mir sagte: „Ich habe keine 90 Sekunden am Tag."

Ich antwortete: „Dann hat das Leben sie irgendwann für dich." Einige Zeit danach rief er mich an und sagte: „Ich habe verstanden, was du meintest." Er hatte einen kleinen Erschöpfungseinbruch – nichts Dramatisches, aber genug, um zu merken: Wenn du dich nicht selbst stoppst, macht es dein Körper.

Seitdem macht er jeden Morgen seine 90 Sekunden - Pause. Er nennt sie „das kleinste Meeting des Tages".

Und genau das ist die Essenz dieser Methode: Du lernst, die Bremse selbst zu bedienen.

„Die Pausen, die du dir heute nicht nimmst, sind die, die dein Körper sich morgen nimmt."

Nicht aus Angst, sondern aus Klarheit. Nicht um weniger zu leisten, sondern um bewusster zu leben.

Wenn du die 90 Sekunden regelmäßig übst, wirst du merken, dass du gelassener wirst – nicht, weil du weniger zu tun hast, sondern weil du weniger getrieben bist. Deine Energie verteilt sich anders: weniger Reibung, mehr Richtung.

Das Schöne ist:
Du kannst diese Übung niemandem erklären, ohne dass er sie irgendwann ausprobiert. Sie ist ansteckend, aber auf gesunde Weise.

Ich sage immer: „Wenn du 90 Sekunden Zeit hast, hast du Zeit, dich zu verändern."

Als ich begann, diese 90 Sekunden ernst zu nehmen, veränderte sich etwas Grundlegendes: Nicht mein Terminkalender, nicht mein Umsatz, nicht einmal mein Umfeld – sondern **mein Innenleben.** Ich wurde ruhiger, obwohl sich im Außen nichts geändert hatte.

Der 90-Sekunden-Nullpunkt im Überblick

Ziel: Rückkehr in Selbststeuerung
Dauer: 1 ½ Minuten
Ort: Überall
Effekt: Sofort spürbare Entlastung, mehr Klarheit, weniger Reizüberflutung
Trainingsziel: Selbstregulation statt Selbstüberforderung

Ich reagierte weniger, entschied bewusster und sagte öfter: „Lass mich kurz nachdenken." Früher hätte ich das als Schwäche gesehen. Heute weiß ich: Das ist Führung.

Ich erinnere mich an einen Moment einige Monate später: Ich saß wieder im Auto, rote Ampel, Regen. Diesmal griff ich nicht zum Handy. Ich sah hinaus, auf die Tropfen auf der Scheibe, und lächelte. Nicht, weil ich plötzlich erleuchtet war, sondern weil ich spürte, dass ich angekommen war – nicht irgendwo, sondern in mir.

Diese 90 Sekunden waren keine Übung mehr, sie waren ein Lebensstil geworden. Ein stiller Anker mitten in der Bewegung. Ich nenne das heute „aktive Gelassenheit".

Nicht Passivität, sondern bewusste Präsenz.

Coaching-Impuls: Aktive Gelassenheit

Aktive Gelassenheit bedeutet, dass du handelst, ohne
dich zu hetzen, und fühlst, ohne dich zu verlieren.
Sie entsteht, wenn du regelmäßig kurze „Bewusst-Punkte" in deinen Tag einbaust.
Diese Momente trainieren dein Nervensystem, auch unter Druck ruhig zu bleiben.

Praktisch heißt das:

- □ Statt sofort zu antworten, atmest du einmal tief ein.
- □ Statt dich zu rechtfertigen, stellst du eine Frage.
- □ Statt weiterzumachen, gehst du kurz raus.

So trainierst du emotionale Intelligenz – nicht theoretisch, sondern biologisch.

Viele Menschen glauben, Achtsamkeit sei ein Luxus. Ich sehe das anders.

Achtsamkeit ist betriebliche Gesundheitsvorsorge für die Seele. Wenn du lernst, innezuhalten, sparst du dir unzählige Umwege, Konflikte und Fehlentscheidungen.

Ich wünsche jedem Menschen die Erfahrung, einmal nicht zu müssen. Nur da zu sitzen, zu atmen, zu sein – und zu merken: Das Leben läuft trotzdem weiter.

Nur jetzt läuft es mit dir, nicht an dir vorbei.

Erste Anzeichen von Veränderung

Wenn du beginnst, regelmäßig Pausen einzubauen, wirst du Folgendes beobachten:

- Du reagierst weniger impulsiv.
- Du schläfst etwas besser.
- Du spürst wieder kleine Dinge: Geschmack, Wind, Musik.
- Du hörst dich selbst denken.

Das sind keine Nebeneffekte – das sind Zeichen von Heilung.

Ich habe irgendwann gelernt:
„Der Unterschied zwischen einem Burnout und einem Neustart ist ein Punkt – der Punkt, an dem du stehen bleibst."

Dieser Punkt ist kein Ende - er ist eine Einladung.

„Der wichtigste Termin des Tages – das Gespräch mit dir selbst.“

Affirmation des Kapitels

„Ich erlaube mir innezuhalten. In der Stille finde ich meine Kraft.“

Reflexionsfragen

1. *Wann tritt das Leben bei dir auf die Bremse – und wie reagierst du dann?*
2. *Welche drei Momente am Tag könnten deine persönlichen „Nullpunkte“ werden?*
3. *Was verändert sich in deinem Alltag, wenn du dir 90 Sekunden Sicherheit in dir selbst gibst?*

Kapitel 2: Wenn der Kopf laut wird

Es gibt Tage, da wache ich auf, öffne die Augen – und mein Kopf ist schon online, bevor ich es bin.

Noch bevor ich das Licht einschalte, habe ich drei Gedanken gleichzeitig:

„Was steht heute an? Habe ich die Präsentation fertig? Warum hat mein Rücken schon wieder so eine Meinung?"

Ich greife zum Handy – natürlich.

Ein Reflex. Kein bewusster Entschluss. Eine Bewegung, die so automatisiert ist, dass sie schon zum Aufwachen dazugehört.

30 Sekunden später habe ich mehr Informationen konsumiert, als ein Mensch im Mittelalter in einer Woche. Und dann wundern wir uns, warum wir müde sind, bevor der Tag richtig beginnt.

Ich erinnere mich an eine Zeit, in der ich glaubte, Kontrolle bedeute, immer informiert zu sein. Ich wollte keine Nachricht verpassen, keinen Trend, kein Risiko.

Mein Tag begann mit Push-Nachrichten und endete mit E-Mails im Halbschlaf. Ich hatte das Gefühl, ich müsste alles wissen, um souverän zu bleiben.

„Wir sind nicht überfordert, weil wir zu viel erleben – sondern weil wir zu wenig verarbeiten."

Heute weiß ich: Ich war nicht souverän – ich war süchtig nach Kontrolle.

Und Kontrolle ist ein clever getarntes Angstprogramm.

Coaching-Impuls: Das Informations-Paradoxon
Je mehr Informationen du konsumierst, desto weniger verstehst du wirklich.
Das Gehirn ist wie ein Trichter – es kann nur eine bestimmte Menge verarbeiten.
Was zu viel ist, wird nicht verdaut, sondern gespeichert – als kognitive Last.
Ergebnis: Reizüberflutung, Gedankennebel, mentale Erschöpfung.

Ich nenne das mentalen Lärm. Nicht, weil er laut ist, sondern weil er ununterbrochen läuft. Er klingt wie ein Hintergrundradio, das nie ausgeht. Du gewöhnst dich daran, bis du irgendwann vergisst, wie Stille klingt.

Ich erlebe das täglich in Coachings:
Menschen, die von außen ruhig wirken, aber innerlich keine Sekunde Pause haben. Sie stehen morgens auf mit Gedanken wie:

„Das lauteste Geräusch in unserem Leben ist nicht das Außen – sondern der Lärm unserer eigenen Erwartungen."

„Ich müsste mehr Sport machen, weniger aufs Handy schauen, mich besser ernähren, dankbarer sein, produktiver werden…“ Das sind keine Gedanken – das ist Selbstmanagement auf Speed.

Ich war früher genauso. Ich nannte es „geistig aktiv“, aber ehrlich gesagt war es Chaos mit Anzug. Ich verwechselte Nachdenken mit Klarheit, Planung mit Kontrolle, und Reaktion mit Handlung.

Was im Gehirn passiert

- Jeder Reiz (Mail, Klingelton, Nachricht) aktiviert das dopaminerge Belohnungssystem.
- Du bekommst einen Mini-Schub Energie – gefolgt von einem kleinen Crash.
- Wiederholung führt zu einer Art „Aufmerksamkeitsabhängigkeit“.
- Das Gehirn verlangt mehr Reize, um das gleiche Gefühl von Aktivität zu erzeugen.

Ergebnis: permanente Unruhe bei gleichzeitiger Erschöpfung.

Die Wahrheit ist:
Ein lauter Kopf ist kein Zeichen von Intelligenz – er ist ein Zeichen von Überlastung.
Das Gehirn ist überfordert, wenn es nie Pause bekommt, weil jede Information Aufmerksamkeit kostet – und Aufmerksamkeit ist Energie.

Ich hatte eine Phase, in der ich begann, Bücher über Fokus zu lesen – ironischerweise immer parallel zu einer zweiten Tätigkeit.

Einmal las ich ein Buch über Achtsamkeit in der Warteschlange beim Bäcker, während ich Mails checkte.
Wenn das kein Zeichen ist, weiß ich auch nicht.

Damals verstand ich nicht, dass mein Problem kein Mangel an Fokus war, sondern ein Überschuss an Input.

Ich hatte mein Gehirn nie auf „Leerlauf" gestellt.
Es lief rund um die Uhr – und irgendwann lief es *mich*.

Coaching-Impuls: Mentale Lautstärke regulieren

Wenn du merkst, dass du in Gedankenschleifen hängst, frag dich: „*Bin ich gerade im Denken oder im Überdenken?*" (engl. Overthinking)

Denken führt zu Erkenntnis. Überdenken führt zu Erschöpfung. Sobald du das bemerkst, bist du nicht mehr im Lärm – du bist im Bewusstsein.

Ich möchte dir ein einfaches Bild mitgeben:
Stell dir deinen Kopf wie einen Laptop vor. Du hast zu viele Tabs offen.

Jeder Tab zieht Energie, auch wenn du ihn nicht nutzt. Und irgendwann wird alles langsam – nicht, weil du dumm bist, sondern weil du keine Ressourcen mehr hast.

Was machst du also? Richtig – du schließt Tabs.
Nicht alle, nur die, die du gerade nicht brauchst.

Das ist mentales Energiemanagement.

Coaching-Impuls:

Mentale Tabs schließen

1. Erkennen – Woran denke ich gerade?
2. Entscheiden – Ist das jetzt relevant?
3. Schließen – Bewusst den Gedanken loslassen, mit dem Satz:
   „Ich kümmere mich später darum."

Diese Technik trainiert den präfrontalen Cortex – die Schaltzentrale für Fokus und Prioritäten.

„Ein voller Kopf ist kein Zeichen von Wichtigkeit – sondern ein Hinweis auf fehlende Filter."

Manchmal denke ich, das Smartphone ist die erfolgreichste Erfindung des modernen Stressmanagements – allerdings für den Stress, nicht für uns.

Wir tragen ein Gerät in der Tasche, das uns mit der ganzen Welt verbindet – und gleichzeitig von uns selbst trennt.

Ich erinnere mich an einen Abend vor ein paar Jahren. Ich saß mit meiner Frau beim Essen, das Handy lag neben dem Teller – „nur, falls was Wichtiges kommt". Es kam natürlich nichts Wichtiges.

Aber jedes Mal, wenn der Bildschirm kurz aufleuchtete, war ein Stück Aufmerksamkeit weg. Sie sagte irgendwann: „Du bist hier, aber nicht da."

Und sie hatte recht. Ich war anwesend, aber nicht präsent.

Warum digitale Reize so schwer zu widerstehen sind

- Jeder Ping bedeutet potenziell Wichtiges → Dopamin wird ausgeschüttet.
- Das Gehirn verknüpft das Geräusch mit „sozialer Relevanz".
- Je häufiger du reagierst, desto stärker die Konditionierung.
- Pausen fühlen sich unwohl an, weil dein Belohnungssystem auf Input wartet.

Die Lösung ist nicht, Technik zu verteufeln – sondern sie zu domestizieren.

Die ständige Erreichbarkeit hat einen Preis:

Unser Gehirn lebt in einem Zustand dauerhafter „niedriger Alarmbereitschaft“.
Benachrichtigungstöne sind Mini-Adrenalinstöße. Man nennt das in der Neurowissenschaft Intermittent Reinforcement – zufällige Belohnung. Das Gleiche Prinzip, das Spielautomaten süchtig macht.

Ich habe irgendwann beschlossen, meine Beziehung zum Handy zu überdenken. Ich wollte nicht mehr der Angestellte meines Posteingangs sein.

Also führte ich etwas ein, das ich meinen „Digitalen Feierabend“ nenne.

Um 20 Uhr geht mein Handy in den Flugmodus.
Ich nenne es gern „Selbstschutzmaßnahme für den Geist“.

Am Anfang war das komisch.
Ich fühlte mich, als würde ich etwas verpassen.

Heute weiß ich: Ich verpasse nichts – ich gewinne Präsenz.

Coaching-Impuls: Der mentale Puffer

Zwischen Reiz und Reaktion sollte ein Puffer liegen.

Nicht jede Nachricht verdient sofortige Antwort.

Nicht jede Aufgabe sofortige Aktion.

Wenn du lernst, diesen Puffer bewusst einzubauen, verwandelt sich Stress in Struktur.

Mikro-Übung:

Bevor du auf eine Nachricht antwortest,
frage dich: „Muss das jetzt sein – oder kann das reifen?"
Oft merkst du: 80 % der Dinge erledigen sich ohne dein Zutun.

Ich beschreibe in meinen Seminaren oft kleine Szene, die immer für Gelächter sorgt.

Ich sage:
„Stell dir vor, dein Gehirn ist wie ein Schreibtisch. Und jeden Tag kommt jemand rein und legt neue Unterlagen drauf. Nachrichten, Termine, To-dos. Nur: Niemand räumt ab. Kein Wunder, dass du irgendwann nichts mehr findest."

Dann halte ich kurz inne und frage:
„Wann hast du das letzte Mal deinen mentalen Schreibtisch aufgeräumt?"

In der Regel wird es dann sehr still im Raum.

„Ruhe ist kein Mangel an Produktivität – sie ist die Voraussetzung dafür."

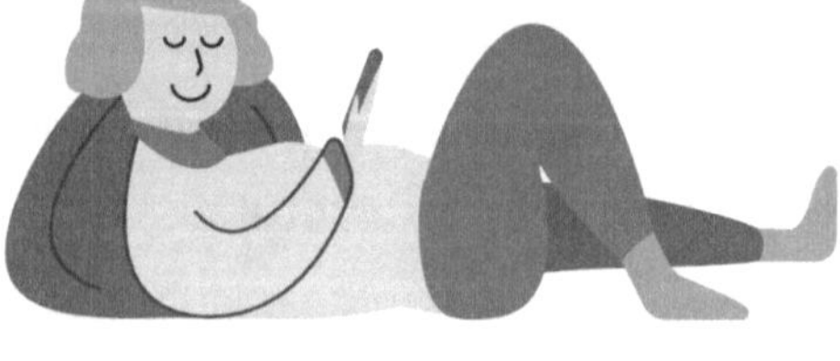

Ich erinnere mich an Dieter, einen weiteren IT-Manager. Er sagte: „Ich bin ständig müde, aber ich kann nicht abschalten."

Wir haben sein Handyverhalten analysiert: 146 App-Benachrichtigungen am Tag. Kein Wunder, dass sein Kopf nie Ruhe fand – er war ein menschliches Dashboard.

Wir begannen mit einem einfachen Experiment: Ein Tag pro Woche ohne Push-Mitteilungen.

Nach drei Wochen sagte er: „Ich wusste gar nicht, wie leise mein Gehirn klingen kann."

Heute nennt er diesen Tag seinen „mentalen Sonntag" – egal, ob er Dienstag oder Freitag ist.

Mentale Erschöpfung erkennen

✅ Du fühlst dich nach Online-Phasen unruhig oder reizbar.
✅ Du liest denselben Satz dreimal, ohne ihn aufzunehmen.
✅ Du brauchst mehr Kaffee, aber er hilft kaum.
✅ Du schläfst, aber wachst nicht erholt auf.
✅ Du spürst ein diffuses „Zuviel" – ohne klaren Grund.

Das sind keine Schwächen, sondern Warnsignale.

Mentale Erschöpfung entsteht nicht, weil du versagst, sondern weil du dich überlastest, ohne zu regenerieren

Viele Menschen glauben, sie bräuchten mehr Disziplin, um digital achtsamer zu leben.
Aber das stimmt nicht. Du brauchst keine Disziplin – du brauchst Design.

Gestalte deine Umgebung so, dass Ruhe wieder vorkommt.

Coaching-Impuls: Mentales Detox-Design

- Flugmodus-Fenster: Lege täglich 30 Minuten fest, in denen du komplett offline bist.
- Visuelle Signale: Handy in eine Schublade, Bildschirm abdunkeln, Benachrichtigungstöne aus.
- Analoge Inseln: Notizbuch statt App, Papierkalender statt Endlos-Scrolling.
- Abendschluss: 60 Minuten vor dem Schlaf kein Bildschirm.

Das Ziel ist nicht, Technik abzuschaffen – sondern dich wieder zum Benutzer zu machen, nicht zum Benutzten.

„Digitale Balance beginnt, wenn du wieder entscheidest, wann du verbunden bist – und wann mit wem.“

Ich nenne das Prinzip **mentale Periodisierung.**
Wie Sportler Trainings- und Ruhephasen brauchen, braucht das Gehirn Input- und Integrationszeiten.

Ohne diese Phasen verliert es seine Anpassungsfähigkeit. Wenn du also das nächste Mal den Impuls hast, sofort zu reagieren, erinnere dich:

Nicht jede Vibration ist wichtig.

Manche sind nur dein Gehirn, das nach Aufmerksamkeit ruft – und du darfst freundlich Nein sagen.

Der 3-Minuten-Reset

Ich sage oft: „Wer keine Zeit hat, sich zu sammeln, verschwendet sie damit, sich zu verzetteln."
Drei Minuten bewusste Unterbrechung bringen oft mehr Klarheit als drei Stunden Grübeln.

Diese Übung ist mein persönliches Lieblingswerkzeug gegen Informationsüberlastung – kurz genug, um praktikabel zu sein, stark genug, um Wirkung zu zeigen.

„Ruhe ist kein Ort. Sie ist eine Entscheidung."

Praxis: Micro-Learning – Der 3-Minuten-Reset

Ziel: Mentale Überlastung unterbrechen, das Nervensystem neu ausrichten und Fokus zurückgewinnen – egal, wo du bist.

Dauer: 3 Minuten

Ort: Überall (Büro, Auto, Küche, Wartezimmer)

Schritt 1 – Minute 1: Entkoppeln

Lege das Handy mit dem Bildschirm nach unten.
Schließe, wenn möglich, den Laptopdeckel.
Setz dich aufrecht hin, Füße am Boden, Schultern locker.
Atme tief ein – und sage innerlich: „Stopp."

Das ist dein mentales Kommando: Ich trete aus dem Strom aus.

Coaching-Impuls:

Das Wort „*Stopp*" ist kein Abbruch, sondern ein Richtungswechsel.
In der Neuropsychologie nennt man das Pattern *Interrupt*.
Ein bewusstes Muster-Stoppen erlaubt dem präfrontalen Cortex, wieder von „Autopilot" auf „Selbststeuerung" umzuschalten.

Schritt 2 – Minute 2: Entladen

Atme viermal tief ein und langsam aus.

Bei jedem Ausatmen stell dir vor, du pustest geistigen Staub aus dem Kopf. Dann richte deine Aufmerksamkeit auf drei Dinge im Raum: etwas, das du siehst, etwas, das du hörst, etwas, das du fühlst.

Diese einfache Sinnesorientierung bringt dich zurück in den Moment – und unterbricht das Dauer-Multitasking-Feuerwerk im Gehirn

⇩

Schritt 3 – Minute 3: Entschleunigen

Schließe für zehn Sekunden die Augen.
Frage dich:

„*Was ist gerade wirklich wichtig?*"

Nicht dringend, nicht erwartet – **wichtig**.

Dann öffne die Augen und schreibe, wenn möglich, einen Satz auf.

„Wenn du sehen, hören und fühlen kannst, bist du schon da, wo dein Kopf hin will."

Warum Aufschreiben wirkt

Schreiben aktiviert dieselben Hirnregionen wie Planen und Handeln.
Dadurch wird der Gedanke aus dem „mental loop" ins Arbeitsgedächtnis verschoben – und verliert seine Macht

Eines Tages suchte Claudia, Marketingchefin mit dreißig offenen Projekten, meinen Rat. Ihr Kopf war wie ein Chat-Verlauf ohne Ende.

Wir führten den 3-Minuten-Reset ein, dreimal täglich.

Nach zwei Wochen schrieb sie mir: „Ich erledige weniger – aber schaffe mehr."

Das ist der Effekt von Fokus.

Coaching-Impuls: Wie du den Reset verankerst

1. Feste Slots: z. B. 9 Uhr, 13 Uhr, 17 Uhr.
2. Visuelles Signal: Klebezettel „Reset" am Monitor.
3. Mini-Belohnung: ein Lächeln, ein Strecken, ein Glas Wasser.
4. Tracking: Haken im Kalender = Dopaminschub durch Fortschritt.

Wichtig: Nicht jede Pause muss spektakulär sein. Konstanz schlägt Intensität.

„Das Denken hört nicht auf, wenn du innehältst – es wird klarer.“

Typische Stolperfallen

- „Ich hab keine drei Minuten.“ → Dann mach zwei. Oder eine. Hauptsache anfangen.
- „Ich vergesse es dauernd.“ → Stell dir den Wecker auf 13 Uhr – nenn ihn Kopfklarheit.
- „Ich werde unruhig.“ → Perfekt. Das ist das Gehirn beim Entgiften. Bleib dran.

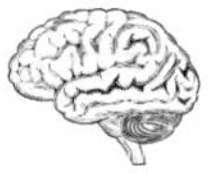

Was neurobiologisch passiert

Während des Resets aktiviert sich dein Parasympathikus.

Dein Herzschlag sinkt, das Cortisol-Level fällt leicht ab.

Der präfrontale Cortex übernimmt die Kontrolle zurück von der Amygdala.

Das Ergebnis: Du denkst wieder *mit dir*, nicht *gegen dich*.

Ich sage in Workshops immer gerne:

„Wer seinen Kopf leiser stellt, hört die Welt deutlicher.“ Und die Leute nicken.

Manche lachen, andere werden still.

Weil sie merken: Sie haben vergessen, wie sich mentale Stille anfühlt.

Ergebnis nach 14 Tagen

Nach zwei Wochen regelmäßiger Anwendung berichten 8 von 10 Klienten:

✅ klareres Denken
✅ bessere Prioritäten
✅ weniger Reizbarkeit
✅ mehr Schlafqualität

Das ist kein Zufall – das ist Trainingseffekt

Wie mentale Hygiene funktioniert

Ich habe irgendwann verstanden:
Man kann den Kopf nicht dauerhaft kontrollieren – aber man kann ihm Raum geben.

Unser Geist ist kein Feind, den man bekämpfen muss, sondern ein System, das man verstehen darf. Es ist wie bei einem Computer: Wenn zu viele Fenster geöffnet sind, hilft kein neues Programm – du musst schließen, sortieren, neu starten.

Und genau das ist mentale Hygiene: regelmäßig innehalten, um wieder in Takt zu kommen. Nicht, weil du schwach bist, sondern weil du Mensch bist.

Brigitte, Büroleiterin einer großen Firma, sagte mir einmal: „Ich habe das Gefühl, mein Gehirn ist ein offenes Büro – jeder Gedanke platzt einfach rein." Wir lachten beide, aber sie hatte recht. Also führte ich mit ihr ein Ritual ein: Gedanken-Feierabend.

Jeden Abend, bevor sie den Laptop schloss, schrieb sie fünf Sätze:
1. Was heute gut war.
2. Was offen bleibt.
3. Was sie morgen delegiert.
4. Was sie loslässt.
5. Wofür sie dankbar ist.

Nach einer Woche schrieb sie:
„Ich gehe endlich ohne offene Schleifen schlafen."

Das ist mentale Ruhe in Aktion. Und das Beste: Sie braucht keine Technik, nur Entscheidung.

Ich nenne das Prinzip **Gedankenfasten**. Nicht als Verzicht, sondern als Entlastung.

Ein bewusster Rückzug von Reizen, um Platz zu schaffen für eigene Gedanken. Wir sind so beschäftigt damit, zu konsumieren, dass wir vergessen, selbst zu verdauen. Aber erst, wenn du weniger aufnimmst, kann dein Inneres wieder etwas produzieren – Klarheit, Kreativität, Ruhe.

Kleine Rituale gegen mentales Rauschen

✅ Offline-Morgen: 30 Minuten nach dem Aufwachen kein Handy.

✅ Ein-Thema-Regel: Immer nur eine Sache zurzeit.

✅ Mentales Ausatmen: Nach jedem Meeting – drei tiefe Atemzüge.

✅ Notiz statt Grübeln: Gedanken aufschreiben, um sie aus dem Kopf zu holen.

Das sind keine Luxusgewohnheiten – das sind mentale Erste-Hilfe-Maßnahmen für die moderne Welt.

Du kannst deinen Kopf nicht ausschalten – aber du kannst entscheiden, welchen Sender du hörst."

Und genau darum geht es in diesem Kapitel. Nicht darum, die Gedanken zu stoppen, sondern darum, sie zu sortieren, zu entlasten und neu zu fokussieren.

Wenn du das regelmäßig tust, merkst du irgendwann: Der Kopf ist nicht mehr der Chef. Er ist ein Werkzeug – und du bist wieder derjenige, der es führt.

Coaching-Impuls: Mentale Hygiene am Abend

=> Stelle dir abends drei Fragen:

1. Was darf heute abgeschlossen sein?
2. Was nehme ich gedanklich nicht mit ins Bett?
3. Was schenkt mir heute Frieden?

Notiere kurze Antworten – es reichen Stichpunkte. So signalisierst du deinem Gehirn: Der Tag ist rund.

Affirmation des Kapitels
„Ich wähle bewusst, worauf ich meine Aufmerksamkeit richte. Mein Geist ist mein Werkzeug, nicht mein Gegner.

Reflexionsfragen

1. *Wann ist dein Kopf am lautesten – und warum?*
2. *Welche digitalen Gewohnheiten rauben dir Energie, ohne dass du es merkst?*
3. *Wie könnte dein persönlicher 3-Minuten-Reset im Alltag aussehen?*
4. *Was bedeutet für dich mentale Stille – und wann hast du sie zuletzt gespürt?*

Kapitel 3 – Die kleine Lernrevolution – Micro-Learning im Alltag

Warum kleine Schritte die größten Veränderungen schaffen.

Ein leiser Anfang

Ich erinnere mich noch an den Tag, an dem ich begriff, dass „Veränderung“ kein Event ist, sondern ein Prozess. Ich saß in meinem Büro, zwischen Flipcharts und To-do-Listen, und war überzeugt, dass ich mein Leben im Griff hatte – zumindest auf dem Papier.

Mein Kalender war voll, meine Zeit perfekt getaktet, meine Ziele glasklar. Und trotzdem fühlte ich mich leer.

In diesem Moment kam mir ein weiterer Satz meines früheren Mentors Paul in den Sinn:

„Stephan, Erfolg entsteht nicht durch große Sprünge, sondern durch tägliche Wiederholung.“

Damals hielt ich das für einen netten Spruch. Heute weiß ich, dass er recht hatte.

Das Geheimnis von Wachstum ist nicht Begeisterung – es ist Beständigkeit.

„Das wahre Wachstum findet in stillen Momenten statt.“

Warum große Pläne scheitern

Ich habe viele Menschen erlebt, die sich verändern wollten:

Führungskräfte, Gründerinnen, Lehrer, Handwerker. Alle mit denselben Mustern. Sie wollten viel auf einmal verändern – Ernährung, Bewegung, Kommunikation, Mindset.

Sie glaubten, Transformation sei eine Frage des Willens. Aber das Gehirn ist kein Maschinenraum, in dem man einfach Hebel umlegt.

Es ist ein empfindliches System, das auf Sicherheit ausgelegt ist.

Neue Gewohnheiten bedeuten Unsicherheit.
Darum rebelliert es, sobald du es überforderst.

Das biologische Dilemma der Veränderung

- Das Gehirn strebt nach Energie-Effizienz. Neue Routinen kosten Energie.
- Alles, was ungewohnt ist, aktiviert das Alarmzentrum (Amygdala).
- Große Umstellungen erzeugen unbewussten Widerstand.
- Kleine, wiederholte Impulse dagegen signalisieren: „Alles sicher."

Darum scheitern die meisten Veränderungen nicht am "Nicht-Wollen", sondern am „Zu-viel-Wollen".

Vom Denken ins Tun

Ich war früher ein großer Planer. Ich konnte ganze Wochen damit verbringen, an Konzepten zu feilen – und kam doch kaum ins Handeln. Eines Tages fragte mich ein Kollege:

„Stephan, was wäre, wenn du einfach mal anfängst, bevor du fertig bist?"

Dieser Satz traf mich wie ein freundlicher Schlag auf den Hinterkopf.

Seitdem habe ich gelernt: Nicht der perfekte Plan verändert dein Leben, sondern die erste Bewegung.

Ich nenne das den Moment des Tuns.

Er dauert nur wenige Sekunden – aber er entscheidet alles.

Neurobiologie des Handelns

Der präfrontale Cortex (Planung) und das motorische Zentrum (Bewegung) müssen synchronisiert werden.

Diese Synchronisation geschieht durch einen klaren Startimpuls.

Je öfter du kleine Handlungen ausführst, desto leichter fällt der Einstieg.

Fazit: Starte klein, damit das Gehirn „sicher" bleibt" bleibt.

Micro-Learning – Lernen in Mini-Portionen

Micro-Learning ist nichts anderes als Lernen in kleinen, gut verdaulichen Portionen.

Nicht drei Stunden Theorie, sondern drei Minuten Praxis. Nicht „Ich muss mein Leben ändern“, sondern „Ich probiere heute etwas Neues aus.“ Ich nutze Micro-Learning selbst jeden Tag.

- Beim Zähneputzen denke ich an eine Erkenntnis aus dem Vortag.
- Auf dem Weg zum Auto wiederhole ich eine Affirmation.
- Beim Warten auf den Kaffee mache ich eine Atemübung.

Das sind keine großen Rituale – es sind Mikro-Momente der Bewusstheit.

Ich möchte euch noch eine andere Methode vorstellen:

Die 1% Methode oder 1-Prozent-Regel.

Die **Ein-Prozent-Methode** besagt vereinfacht, dass man durch tägliche sehr kleine Verbesserungen, die aber kontinuierlich geschehen, langfristig große Erfolge erzielen kann. Statt einmaliger, drastischer Veränderungen konzentriert man sich auf die stetige Wiederholung kleiner, nachhaltiger Gewohnheiten zur Verbesserung, die sich im Laufe der Zeit wie ein „Zinseszinseffekt“ aufsummieren.
(siehe: James Clear, „Atomic Habits“)

Die wichtigsten Regeln hierbei sind:

1. Kleine Schritte, große Wirkung. Auch Verbesserungen von nur 1% pro Tag bewirken in einem Jahr rein mathematisch eine Verbesserung von über 37% (1,01365 entspricht ca. 37,78).
2. Fokus auf Systeme statt auf Ziele: nicht das Ziel liegt im Fokus, sondern die Schaffung eines Systems aus guten Gewohnheiten.
3. Gewohnheiten als Zinseszins: Gute Gewohnheiten multiplizieren ihre Wirkung im Laufe der Zeit (dies gilt leider auch für schlechte Gewohnheiten).

Coaching-Impuls: Die 1-Prozent-Regel

- Kleine Anfänge: beginne mit kleinen, leicht umsetzbaren Schritten
- Beständigkeit: die Häufigkeit und Regelmäßigkeit der Wiederholung ist wichtiger als die Dauer
- Umgebung gestalten: die Umgebung beeinflusst unser Verhalten sehr stark. Entferne Auslöser für schlechte Gewohnheiten, etabliere ein Umfeld für gute Gewohnheiten
- Sofortige Belohnung: belohne dich sofort nach Ausführung einer neuen Gewohnheit. Dies stärkt über das Belohnungszentrum das Verhalten und führt zu einer Verknüpfung der neuen Handlung mit etwas Positivem (Positiver Verstärker)
- Überwache deinen Fortschritt: ein Gewohnheits-tracker oder ein Coaching-Tagebuch kann dir helfen, die Gewohnheit zu etablieren

Motivation ist überbewertet

Ich sage es oft in Seminaren: „Warte nicht auf Motivation – handle, bis sie kommt."

Motivation ist wie Sonnenschein: angenehm, aber unzuverlässig.

Momentum dagegen ist wie Schwerkraft – immer da, sobald du dich bewegst.

Motivation vs.	Momentum
Emotion, schwankend	Bewegung, stabil
braucht Gründe	braucht Routine
Ergebnisorientiert	Prozessorientiert
wartet auf Stimmung	erzeugt Stimmung

Lernen durch Bewegung

Ich bin überzeugt: Lernen beginnt nicht im Kopf, sondern im Körper. Wenn du dich bewegst, lernt dein Gehirn besser. Darum lasse ich in Workshops die Teilnehmer oft aufstehen, sich strecken, einmal tief durchatmen.

Sie lachen, aber danach sind sie wacher, aufnahmefähiger, ruhiger.

Ich erinnere mich Kerstin, eine Buchhalterin, die zu mir sagte: „Ich kann mich bei Stress nicht konzentrieren."
Wir haben nichts Theoretisches gemacht – nur eine einfache Übung: Jedes Mal, wenn sie Anspannung merkte, sollte sie kurz die Schultern rollen und den Boden spüren.

Nach zwei Wochen schrieb sie mir: „Ich habe gelernt, mich durch Bewegung zu beruhigen."

Das ist Micro-Learning – angewandte Körperintelligenz.

Bewegung als Lernverstärker

- Körperliche Aktivität erhöht Sauerstoffzufuhr und Neurotransmitterproduktion.
- Das steigert die Plastizität des Hippocampus (Zentrum für Lernen).
- Bewegung + Bewusstsein = beschleunigtes Umlernen.

Zehn Sekunden Bewegung genügen, um mentale Muster neu zu verknüpfen. Diese Mini-Pause ist kein Stillstand, sondern Bewusstseins-Training.

Micro-Learning-Übung 1: Der 10-Sekunden-Moment

Ziel: Unterbrechung des Autopiloten.

Dauer: 10 Sekunden, jederzeit.

1. Stopp. Sobald du bemerkst, dass du automatisch reagierst, sag innerlich „Pause".
2. Atmen. Einatmen = Reset. Ausatmen = Loslassen.
3. Wahrnehmen. Frage: „Was tue ich gerade – und warum?"

Vom Wissen zur Gewohnheit

Ein häufiger Irrtum: Menschen glauben, sie müssten erst „alles verstehen", bevor sie handeln.
Aber Verstehen folgt oft dem Tun.

Ich habe das leider auch erst spät in meiner Unternehmerzeit entdeckt: Manchmal begann ich Projekte, ohne alle Antworten zu kennen – und fand sie unterwegs.

So ist es auch mit persönlichem Wachstum: Du beginnst mit einer Ahnung und findest Klarheit beim Gehen.

Coaching-Impuls: Erst handeln, dann verstehen

Die Reihenfolge lautet nicht „Erkenntnis → Handlung", sondern „Handlung → Erkenntnis → Anpassung".

Das ist Lernen in Bewegung – das Prinzip aller erfolgreichen Systeme.

Micro-Learning-Übung 2: Der Abend-Loop

Ziel: Fortschritt sichtbar machen und Lernprozesse festigen.
Dauer: 5 Minuten vor dem Schlafengehen.

1. **Rückblick**: Was war heute neu, anders oder lehrreich?
2. **Erkenntnis**: Was nehme ich mir davon für morgen mit?
3. **Dank**: Wofür bin ich heute dankbar – in Bezug auf mich selbst?

Diese drei Fragen verknüpfen Erfahrung mit Emotion. Und Emotion ist der stärkste Klebstoff für Erinnerungen.

Warum Dankbarkeit Lernen verstärkt

Dankbarkeit senkt Cortisol, erhöht Dopamin und Serotonin.
Das Gehirn speichert positive Emotionen bevorzugt ab.
Darum bleibt, was du wertschätzt, länger präsent.

Das Umfeld-Prinzip

Keine Gewohnheit existiert im Vakuum.
Wenn du dich verändern willst, verändere zuerst dein Umfeld.

Ich habe in meiner Coaching-Praxis immer wieder erlebt:

Wer seine Umgebung strukturiert, braucht kaum Willenskraft.

Mentales Design

- Sichtbare Erinnerungshilfen (Zettel, Symbole, Farben).
- Feste Ankerzeiten (gleiche Uhrzeit, gleicher Ort).
- Entferne Reize, die alte Muster triggern.
- Verstärke Reize, die gewünschtes Verhalten unterstützen.

Ein Fall dazu aus meiner Coaching-Praxis:

Johannes, ein selbständiger Unternehmer, wollte weniger Handyzeit, damit er wieder mehr Zeit für seine Familie hat.

Er schaffte jedoch nicht, das Handy lang aus den Augen zu lassen. Schaute er nicht darauf, wanderten doch seine Gedanken schon nach kurzer Zeit wieder in Richtung Handy.

Ich bat ihn, das Handy für eine bestimmte Zeit konsequent aus seinem Sichtfeld, besser noch aus dem Raum zu entfernen.

Nach unserem ersten Coaching legte er das Gerät abgeschaltet abends ins Nebenzimmer.
Am Anfang ungewohnt, dann befreiend.

Nach vier Wochen sagte er: „Ich lese wieder Bücher – freiwillig."

Fehlerfreundlich lernen

Wir alle fallen zurück. Das ist kein Scheitern, das ist Biologie. Das Gehirn braucht Wiederholungen – und Rückfälle sind Wiederholungen mit Feedback.

Ich sage in jedem Seminar:

„Perfektion ist keine Voraussetzung für Fortschritt."
Wer Fehler freundlich betrachtet, lernt doppelt.

Wissenschaftlich betrachtet
Der Freundlichkeits-Effekt beschreibt die positiven Auswirkungen von freundlichem Verhalten auf das eigene Wohlbefinden und die Gesundheit.

- Hormonausschüttung: Freundliches Verhalten löst die Produktion von Glückshormonen wie Dopamin, Serotonin und Oxytocin aus.
- Stressreduktion: Die Ausschüttung dieser Hormone hilft, Stress abzubauen und kann sogar Schmerzen lindern.
- Gesundheitliche Vorteile: Freundlichkeit kann das Wohlbefinden steigern und das Immunsystem stärken. Studien zeigen, dass freundliche Menschen sogar eine höhere Lebenserwartung haben könnten.
- Soziale Verbindungen: Freundliche Interaktionen stärken soziale Bindungen und helfen, Gefühle der Isolation und Einsamkeit zu reduzieren.
- Stimmungsaufhellung: Freundliche Gesten können die Stimmung verbessern und bei psychischen Belastungen wie Angststörungen helfen.

Coaching-Impuls: Der Freundlichkeits-Effekt

Betrachte deine Fehler mit Selbstmitgefühl, dies aktiviert das Belohnungssystem.
Kritik aktiviert das Bedrohungssystem.
Freundliche Fehleranalyse erzeugt Wachstum.

Frage: Wie gehst du mit dir um, wenn du etwas „nicht durchhältst"?

Diese Antwort entscheidet über Dauerhaftigkeit.

Wenn kleine Schritte große Wirkung zeigen

Ein Unternehmer, den ich begleite, hatte die Gewohnheit, jeden Morgen sofort seine E-Mails zu öffnen.

Wir haben eine Mini-Veränderung eingeführt:
Er sollte erst einen Satz schreiben – handschriftlich – mit der Überschrift:
„Heute ist wichtig ..."

Nach zwei Wochen sagte er:
„Ich habe mehr Klarheit als je zuvor, obwohl ich weniger tue."

Das ist Micro-Learning in Reinform:

Nicht das Tempo, sondern die Richtung entscheidet.

Die stille Revolution

Manchmal merke ich in Gesprächen mit Klienten, wie sie plötzlich innehalten. Ein Satz fällt, und etwas klickt – leise, aber endgültig. Das ist der Moment, in dem Lernen vom Kopf ins Herz rutscht.

Veränderung ist selten spektakulär.
Sie passiert nicht in Workshops oder beim Lesen, sondern in den Momenten dazwischen – wenn du beginnst, dich selbst zu beobachten, wenn du zum ersten Mal nicht automatisch reagierst.

Das ist die wahre Revolution: nicht laut, sondern konsequent.

Affirmation des Kapitels
„Ich vertraue der Kraft kleiner Schritte.
Jede bewusste Handlung ist ein Baustein
meines neuen Selbst.“

Reflexionsfragen

1. *Welche kleine Handlung könnte dein Leben langfristig verändern?*
2. *Wo verwechselst du Planung mit Fortschritt?*
3. *Welche Routine tut dir gut – und warum tust du sie nicht öfter?*
4. *Was wäre, wenn Wachstum leichter wäre, als du glaubst?*
5. *Welche Umgebung unterstützt dein Lernen – und welche hindert es?*

Kapitel 4 – Selbstgespräche verändern – Worte, die wirken

Ich erinnere mich an einen Montagmorgen, an dem ich vor dem Spiegel stand und zu mir sagte:
„Na super, du siehst aus, als hättest du nicht geschlafen."

Es war ein harmloser Satz – eigentlich. Aber er setzte den Ton für den ganzen Tag. Plötzlich war da dieses unterschwellige Gefühl:
„Du bist nicht genug." Nicht gut genug vorbereitet. Nicht fit genug. Nicht ruhig genug.

Und genau so lief der Tag dann auch. Nicht, weil er wirklich schlecht war, sondern weil meine innere Sprache die Richtung vorgab.

Wir unterschätzen, wie stark unsere Selbstgespräche unser Verhalten, unsere Stimmung und sogar unsere Biochemie beeinflussen. Das, was du zu dir selbst sagst, wird zur inneren Realität.

Coaching-Impuls: Selbstsuggestion

- Stelle dich vor dein Spiegelbild und entspanne dich.
- Sage eine Affirmation, einen Merksatz oder sonstige
- Suggestion, z.B. „heute wird mir alles gelingen".
- Die Aussage muss klar und positiv formuliert sein.
- Wiederhole dieses Ritual täglich über einen längeren Zeitraum

Durch das wiederholte Einprägen positiver Affirmationen, Merksätze oder Mantras werden diese zu tief verankerten Überzeugungen, die Gedanken und Handlungen beeinflussen.

Wie innere Sprache entsteht

Jeder Mensch führt täglich tausende Selbstgespräche – unbewusst. Viele davon sind alt.
Sie stammen aus früheren Erfahrungen: aus der Kindheit, der Schule, dem Elternhaus, dem Beruf. Worte, die andere über dich gesagt haben, verwandeln sich in innere Programme.

Die vier häufigsten inneren Stimmen

1. **Der Antreiber: „Du musst mehr leisten."**
2. **Der Kritiker: „Das war wieder nicht gut genug."**
3. **Der Beschwichtiger: „Nur keinen Ärger machen."**
4. **Der Zweifler: „Was, wenn du scheiterst?"**

Wenn du oft gehört hast:
„Sei stark!", „Reiß dich zusammen!", „Mach keine Fehler!" – dann spricht heute noch jemand in dir mit dieser Stimme.
Und du nennst sie vielleicht „mein innerer Antreiber".

Diese Stimmen haben eine gute Absicht – sie wollen dich schützen.

Aber sie benutzen alte Strategien für neue Situationen.
Das ist, als würdest du mit einer Landkarte von 1990 durch eine moderne Stadt fahren.

Sprache formt Wahrnehmung

Ich erinnere mich an Julia, eine Mutter von 3 Kindern, die ständig über sich sagte: „Ich bin ein Chaot, ich krieg das nie auf die Reihe." Nach ein paar Sitzungen fragte ich sie: „Wem nützt es, dass du das glaubst?"

Sie war irritiert. Dann sagte sie: „Niemandem. Aber ich sage es, bevor es jemand anderes sagt."

Dieser Satz blieb hängen.
Er zeigt, wie wir uns oft selbst kritisieren, um uns vor der Kritik anderer zu schützen. Doch damit nehmen wir uns die Chance, uns selbst freundlich zu begegnen.

Sprache ist also kein Ausdruck deiner Realität – sie erschafft sie.

Sprache und Gehirn

- Jedes gesprochene oder gedachte Wort erzeugt elektrische Aktivität im limbischen System.
- Negative Selbstgespräche aktivieren das Stresszentrum (Amygdala).
- Positive, unterstützende Sprache aktiviert das Belohnungssystem.
- Wiederholung prägt neuronale Bahnen: Je öfter du dich kritisierst, desto leichter fällt es dir – leider.

Wie man die innere Stimme erkennt

Der erste Schritt ist, zuzuhören.
Nicht um zu bewerten, sondern um zu verstehen.

Ich schlage meinen Klientinnen und Klienten oft vor, eine Woche lang ihre inneren Dialoge zu beobachten – so, als würden sie einer Radiosendung lauschen

„Ah, interessant. Da ist wieder der Antreiber. Da ist der Kritiker. Da meldet sich der Zweifler."

Das Ziel ist nicht, die Stimme zu bekämpfen,
sondern sie zu erkennen.

Denn was du erkennst, kann dich nicht mehr steuern.

Coaching-Impuls: Beobachten statt Bewerten

Sag dir bei jedem kritischen Gedanken:
„Das ist nur eine Stimme – nicht die Wahrheit."

Dieser Satz entzieht ihr die Macht.

Das Gehirn braucht Distanz, um neue Muster zuzulassen.

Vom inneren Kritiker zum inneren Coach

Ich erinnere mich an Jürgen, einen Lehrer, der jedes Projekt mit Perfektion begann – und mit Erschöpfung beendete. Sein innerer Kritiker war brillant, aber gnadenlos.

Wir begannen, diesen Kritiker umzuerziehen. Er durfte bleiben – aber er bekam eine neue Aufgabe: Nicht mehr zu bewerten, sondern zu beraten. Statt: „Das reicht nie!“ sagte er: „Wie kannst du es leichter machen?“

Nach ein paar Wochen sagte mein Klient:
„Ich habe das Gefühl, ich arbeite mit mir – nicht gegen mich.“

Das ist die Essenz von Selbstgesprächen:

Du musst die Stimmen nicht loswerden – du musst sie führen. Diese mentale Technik nennt man **Reframing**.

Neurobiologische Wirkung von Reframing

- „Reframing“ bedeutet: eine Aussage in einen neuen Bedeutungsrahmen setzen.
- Dadurch verschiebt sich die Aktivität vom limbischen System in den präfrontalen Cortex.

Ergebnis: weniger Stress, mehr kognitive Kontrolle. Mit anderen Worten: Neue Worte aktivieren neues Denken.

Die AAA-Methode – Achtsamkeit, Aussage, Ausführung

Ich habe in den letzten Jahren ein einfaches Modell entwickelt, das in meinen Coachings erstaunlich gut funktioniert: die **AAA-Methode.**

1. Achtsamkeit

Hör hin. Welche Sätze sagst du dir am häufigsten? Beginne, sie zu notieren. Nicht verändern, nur sammeln.

Beispiele:

„Ich bin so gestresst."
„Ich darf mir keine Pause erlauben."
„Ich mache eh alles falsch."
Das sind deine inneren Codes.

2. Aussage

Nun wandle jeden dieser Sätze um – nicht in Schönreden, sondern in eine konstruktive Wahrheit.

Beispiele:

- aus „Ich bin so gestresst" wird „Ich nehme wahr, dass ich angespannt bin – und darf atmen."
- aus „Ich darf keine Pause machen" wird „Ich funktioniere besser, wenn ich regeneriere."
- aus „Ich mache alles falsch" wird „Ich lerne gerade, es besser zu machen."

3. Ausführung

Verknüpfe die neue Aussage mit einer Handlung.
Sprache allein verändert wenig – Bewegung verankert sie.

Beispiel:

„Ich darf atmen“ → nimm drei bewusste Atemzüge.
„Ich lerne gerade“ → schreibe dir auf, was du heute gelernt hast.

Sprache + Handlung = neuronale Verstärkung

Linguistischer Reframe

Das Wort „noch“ ist eines der mächtigsten im Coaching.
„Ich kann das noch nicht“ signalisiert Entwicklung statt Defizit.
Vermeide „immer“, „nie“, „muss“. Sie erzeugen Zwangslogik.
Nutze stattdessen: „manchmal“, „heute“, „ich darf“.
Sie öffnen Denkräume.

Micro-Learning-Übung: Der Sprachfilter

Ziel: Unbewusste Selbstgespräche sichtbar machen und umformen.

Dauer: 5 Minuten pro Tag.

1. Beobachten:
Hör am Tag dreimal bewusst hin: Wie rede ich gerade mit mir?

2. Bewerten:
Ist das unterstützend oder hinderlich?

3. Verändern:
Formuliere den Satz neu – leise, aber klar.

Beispiel:

„Ich schaffe das nie.“ → „Ich probiere es noch einmal – anders.“
„Ich bin zu sensibel.“ → „Ich bin aufmerksam – das ist eine Stärke.“

Nach zwei Wochen regelmäßiger Übung spüren die meisten eine deutliche Veränderung -
nicht, weil sie sich belügen, sondern weil sie sich neu ausrichten.

Die Sprache des Körpers

Der Körper hört mit.

Wenn du sagst: „Ich bin am Limit",
zieht sich deine Muskulatur zusammen, der Atem wird flach,
und dein System glaubt: Alarm!
Wenn du sagst: „Ich brauche kurz Ruhe",
entspannt sich der Parasympathikus –
und die Muskeln folgen.

Das Embodiment-Prinzip

Das Embodiment-Prinzip besagt, dass Körper, Geist und Umwelt in einer ständigen, wechselseitigen Beziehung stehen und sich gegenseitig beeinflussen.

- Worte erzeugen Körperreaktionen (Psychoneuroimmunologie).
- Körperhaltung beeinflusst wiederum Gedanken (Embodiment-Forschung).
- Eine aufrechte Haltung und ruhiger Atem stärken positive Selbstwahrnehmung.

Fazit: Körper und Sprache sind ein Team – trainiere beide.

Innere Selbstgespräche im Stress

Ich kenne das aus eigener Erfahrung:
Wenn der Druck steigt, wird die innere Stimme lauter – und meist nicht netter.

Dann ruft sie: „Jetzt reiß dich zusammen!“, obwohl du eigentlich Ermutigung bräuchtest.

Der Trick besteht darin, den Ton zu wechseln.
Nicht den Inhalt – den Ton.

Statt „Mach schneller!“ sag dir:
„Mach Schritt für Schritt.“

Statt „Ich darf mir keinen Fehler leisten.“ sag:
„Ich darf lernen, besser zu werden.“

Coaching-Impuls: Der Ton macht das Denken

Sprache ist wie Musik: Der Inhalt zählt, aber der Ton bestimmt die Stimmung.

Freundlicher Ton = weicher Körper = klarerer Kopf.

Selbstwert ≠ Selbstlob

Viele Menschen verwechseln Selbstwert mit Selbstlob.
Selbstlob sagt: „Ich bin großartig."
Selbstwert sagt: „Ich bin wertvoll – auch wenn ich Fehler mache."

Selbstlob kann kippen, wenn es auf Vergleich beruht.
Selbstwert bleibt stabil, weil er auf Akzeptanz basiert.

Psychologischer Hintergrund – Selbstwertsystem

Der Selbstwert entsteht aus zwei Komponenten:

- **Selbstwirksamkeit** (Ich kann etwas bewirken) und
- **Selbstannahme** (Ich darf unvollkommen sein).

Dauerhafte Zufriedenheit entsteht nur, wenn beide Komponenten gepflegt werden.

Übung:
Notiere täglich eine Sache, die du geschafft hast – und eine, die du dir verzeihst.

Der innere Dialog als Coach

Ich hatte einmal einen Teilnehmer, Mark, der in einer schweren Krise steckte. Er hatte sein Unternehmen verkauft, fühlte sich leer, suchte nach Sinn.

Er sagte: „Ich weiß gar nicht mehr, wer ich bin."
Ich fragte: „Wenn du dein bester Coach wärst – was würdest du dir jetzt sagen?" Er überlegte lange und sagte dann: „Ich würde sagen: Du darfst neu anfangen, ohne alles zu wissen."

Dieser Satz war der Wendepunkt.
Er war ehrlich, freundlich, realistisch.
So klingt die Sprache des inneren Coachs –
nicht beschönigend, sondern ermutigend.

Micro-Learning-Übung: Der innere Dialog

Ziel: inneren Kritiker in einen inneren Coach verwandeln.
Dauer: 10 Minuten pro Tag.

1. Schreibe:
Welche drei Sätze sagst du dir oft in Stresssituationen?

2. Antworte:
Wie würde dein bester Freund oder Mentor darauf reagieren?

3. Sprich laut:
Lies diese neue Version deiner Worte laut vor. Diese Übung mag simpel wirken – aber sie verändert neuronale Verknüpfungen, weil das Gehirn auf die gesprochene Stimme stärker reagiert als auf Gedanken.

Sprache, die das Vertrauen in dein Selbst stärkt

Im Coaching sage ich oft:
„Sprich mit dir so, wie du mit jemandem sprechen würdest, den du wirklich respektierst."

Diese Haltung verändert den inneren Ton dauerhaft. Sie schafft Vertrauen – und Vertrauen ist die Grundlage von Mentaler Resilienz.

Resilienz und Sprache

Resiliente Menschen haben flexible Denkmuster.
Sie verwenden lösungsorientierte Formulierungen:
„Wie kann ich …?" statt „Warum passiert mir das?"
Sprache lenkt Aufmerksamkeit – und Aufmerksamkeit
lenkt Energie.

Affirmation des Kapitels
„Ich spreche mit mir in einer Sprache, die mir guttut. Meine Worte formen mein Denken – mein Denken formt mein Leben."

Reflexionsfragen

1. Welche Worte wiederholst du täglich – bewusst oder unbewusst?

2. Welcher Ton herrscht in deinen inneren Gesprächen?

3. Was würde sich verändern, wenn du dich selbst ermutigst statt antreibst?

4. Welche drei neuen Sätze möchtest du dir ab morgen sagen?

5. Wie kannst du deine Sprache heute schon in Handlung übersetzen?

Platz für eigene Notizen

____

____

____

____

____

____

____

____

____

____

____

Kapitel 5 – Resilienz: Das Comeback-System

Wie wir lernen, nach Rückschlägen stärker aufzustehen.

Ein Morgen, der alles veränderte
Ich erinnere mich an einen Tag, der mich geprägt hat.
Ich war gerade in einer schwierigen Phase – ein Projekt war gescheitert, ein Kunde abgesprungen, und gleichzeitig lief privat nicht alles rund.

Ich saß im Auto, die Hände am Lenkrad, und dachte: „Ich kann nicht mehr.“ Doch dann geschah etwas Merkwürdiges:
Ich atmete tief ein. Nur das. Kein Plan, keine Strategie.
Und in diesem Atemzug war etwas wie: „Doch. Ich kann noch einmal anfangen.“

Das war kein heroischer Moment. Kein Durchbruch.
Nur ein leiser Entschluss, nicht stehen zu bleiben.

Heute weiß ich: **Genau das ist Resilienz.**
Resilienz bedeutet nicht, dass dich das Leben nicht trifft – sie bedeutet, dass du lernst, wieder aufzustehen.

Was ist das eigentlich, dieser Begriff, den ich in den vorherigen Kapiteln schon benutzt habe?

Wir wollen uns im folgenden mit der Bedeutung und den verschiedenen Aspekten von Resilienz beschäftigen.

Denn Resilienz ist sozusagen einer der Dreh- und Angelpunkte meines Buches.

“Resilienz bedeutet, die neue Realität zu akzeptieren, auch wenn sie weniger gut ist als die vorherige.”

Was ist mentale Resilienz?

Resilienz wird oft als „innere Widerstandskraft“ beschrieben, doch das greift zu kurz.
Resilienz ist kein Panzer – sie ist ein System, ein Mechanismus.

Ein Zusammenspiel aus Gedanken, Gefühlen, Körperreaktionen und Verhalten.
Man könnte sagen:
Resilienz ist die Fähigkeit, sich nach Belastung zu reorganisieren, statt zu zerbrechen.

Sie hat nichts mit Härte zu tun, sondern mit Flexibilität.
Nicht mit Kontrolle, sondern mit Vertrauen.

Resilienz ist also kein Talent – sie ist trainierbar.

Wissenschaftlicher Hintergrund

- Das Wort Resilienz kommt vom lateinischen resilire = „zurückspringen“.
- In der Psychologie bezeichnet es die Fähigkeit, Krisen zu bewältigen und sie als Anlass für Entwicklung zunutzen.
- Resilienzforschung (z. B. Emmy Werner, 1982) zeigt: Menschen mit hoher Resilienz erleben Stress genausowie andere – aber sie interpretieren ihn anders.
- Neurowissenschaftlich bedeutet das: Sie aktivieren schneller wieder den präfrontalen Cortex (kognitive Kontrolle) und beruhigen die Amygdala (emotionales Alarmsystem).

Warum wir Resilienz heute dringender brauchen als je zuvor

Unsere Welt hat sich in den letzten Jahrzehnten verändert – nicht nur technologisch, sondern psychisch.
Wir leben in einer Dauerverfügbarkeit,
in der das Gehirn kaum noch echte Ruhezeiten bekommt.

Stress, Unsicherheit und Informationsüberfluss sind zum Dauerzustand geworden. Doch der Mensch ist biologisch immer noch auf „Jagd und Rast" programmiert. Wir jagen permanent – aber wir rasten nicht mehr.

Ich erlebe in meinen Coachings oft Menschen, die äußerlich funktionieren, aber innerlich müde sind. Nicht, weil sie zu schwach sind, sondern weil sie zu lange stark waren.

Und genau da setzt Resilienz an: Sie ersetzt das ständige „Durchhalten" durch ein bewusstes „Rückkehren".

Chronischer Stress und Gehirn

Dauerstress führt zur Überaktivierung der Amygdala
Das hemmt die Regenerationsfähigkeit des präfrontalen Cortex.
Folge: Tunnelblick, Reizbarkeit, Grübeln, Entscheidungsblockaden.
Resilienztraining aktiviert dagegen den Parasympathikus (Erholungssystem)
→ Ergebnis: mehr Ruhe, bessere Konzentration, emotionales Gleichgewicht.

Resilienz ist kein Zustand – sie ist ein Prozess

Ich sage oft: „Resilienz ist wie ein Muskel – du musst ihn regelmäßig benutzen."

Aber das Training besteht nicht in Härte, sondern in Bewusstheit.

Resilienz zeigt sich nicht, wenn alles gut läuft,
sondern im Moment der Erschütterung.

In dem Moment, in dem du sagst:
„Ich weiß nicht, wie – aber ich mache weiter."

Coaching-Impuls: Die drei Säulen mentaler Stärke

1. Selbstwahrnehmung: Spüren, was wirklich los ist.

2. Selbstregulation: Gefühle und Impulse steuern können.

3. Selbstwirksamkeit: Wissen, dass du Einfluss auf dein Erleben hast.

Diese drei Fähigkeiten sind der Kern deines „Comeback-Systems".

Selbstwahrnehmung – Der erste Schlüssel

Resilienz beginnt mit Ehrlichkeit – zu sich selber.
Viele Menschen wollen „funktionieren", und genau das schwächt sie.

Denn wer sich selbst ignoriert, kann sich nicht regulieren.

Ich erinnere mich an Otto, einen dynamischen Manager, der in einer Firmenschulung zu mir sagte:

„Ich habe keine Zeit, über Gefühle zu reden – ich muss liefern."

Zwei Monate später hatte er einen Erschöpfungs-zusammenbruch.

Heute sagt er: „Ich habe gelernt, meine Grenzen zu respektieren."

Das ist Selbstwahrnehmung in Aktion.

Warum Achtsamkeit Resilienz stärkt

- Achtsamkeit aktiviert die Insula – das Hirnzentrum für Körperwahrnehmung.
- Wer regelmäßig achtsam inne hält, erkennt Stresssignale früher.
- Das verhindert emotionale Überflutung und Erschöpfung.

Selbstregulation – Die Kunst, ruhig zu bleiben

Selbstregulation bedeutet nicht, Emotionen zu unterdrücken, sondern sie zu steuern. Wie ein erfahrener Kapitän, der die Wellen nicht verhindern kann, aber gelernt hat, das Steuer zu halten.

Ich habe in schwierigen Phasen gelernt, nicht auf jeden inneren Impuls zu reagieren.

Wenn Wut, Angst oder Stress hochkommen,
hilft mir ein einfacher Satz:

„Das Gefühl darf da sein – aber es bestimmt nicht die Richtung

Emotionale Regulation – neurobiologisch erklärt

- Gefühle entstehen im limbischen System (schnell, automatisch).
- Der präfrontale Cortex kann sie „überschreiben" – durch bewusste Aufmerksamkeit.
- Regelmäßige Selbstberuhigung stärkt diese Verbindung – wie ein neuronaler Muskel für Gelassenheit

Micro-Learning-Übung: Die 90-Sekunden-Regel

Wenn du merkst, dass dich eine Emotion überrollt:
Atme 90 Sekunden lang ruhig.

Fühle, aber handle nicht.
Nach 90 Sekunden hat der emotionale Peak abgenommen – danach kannst du klar entscheiden.

Selbstwirksamkeit – Ich kann etwas bewirken

Selbstwirksamkeit ist die Überzeugung: „Ich habe Einfluss auf mein Leben."

Sie ist das Gegenteil von Hilflosigkeit.

Ich erinnere mich noch gut an Ursula, eine Angestellte, die nach einem Burnout glaubte, nie wieder belastbar zu sein.

Wir begannen mit winzigen Schritten:
Fünf Minuten spazieren gehen,
eine kleine Aufgabe selbst wählen,
eine bewusste Entscheidung am Tag.

Nach vier Wochen sagte sie:
„Ich merke, dass ich mehr Kontrolle habe, als ich dachte."
Das war der Moment, in dem ihre Resilienz wieder wuchs.

Psychologischer Hintergrund – Selbstwirksamkeit

- Geprägt durch den Psychologen Albert Bandura (1977)
- Menschen mit hoher Selbstwirksamkeit empfinden
- Stress als Herausforderung, nicht als Bedrohung.
- Sie erleben Rückschläge als temporär und lösbar.
- Jede kleine erfolgreiche Handlung stärkt diesen Glauben

Micro-Learning-Übung: Das Resilienz-Tagebuch

Ziel: Mentale Stärke sichtbar machen und trainieren.

Dauer: 5–10 Minuten täglich.

Lege ein einfaches Tagebuch für dich an. Es hat 3 Spalten und pro Tag jeweils eine Zeile.
Fülle die Felder des Tagebuchs wie folgt aus:

1. Heute habe ich ...
Eine Situation gemeistert oder etwas Kleines geschafft.

2. Ich habe daraus gelernt ...
Welche Fähigkeit hat mir geholfen?

3. Ich bin dankbar für ...
Was gibt mir gerade Energie oder Zuversicht?

Diese einfache Übung lenkt den Fokus vom Problem zur Kompetenz – und stärkt so deine Selbstwirksamkeit.

Mentale Elastizität statt mentaler Panzer

Viele verwechseln Resilienz mit „Unberührbarkeit“.
Doch wer alles wegdrückt, wird innerlich taub.

Resilienz bedeutet, offen zu bleiben –
fühlend, aber nicht gefangen.

Mentale Elastizität – der flexible Geist

Mentale Elastizität beschreibt die Fähigkeit, nach Belastung neue Perspektiven einzunehmen.

Flexibilität ist ein Zeichen hoher kognitiver Intelligenz
und emotionaler Reife.

Sie korreliert mit Kreativität und Problemlösungskompetenz.

Fazit: Resilienz = Anpassungsfähigkeit + Selbstvertrauen

„Ein Baum, der im Sturm biegt, überlebt.
Ein starrer bricht.“
Elastizität ist die wahre Stärke.

Resilienz und Sinn

Widerstandskraft wächst durch Bedeutung.

Wer weiß, wofür er durchhält, hält länger durch.

Viktor Frankl, Psychiater und Holocaust-Überlebender, formulierte es so:

„*Wer ein Warum zum Leben hat, erträgt fast jedes Wie.*"

Ich sehe das auch bei Unternehmern, Eltern, Künstlern:

Sobald sie wissen, warum sie etwas tun, verwandelt sich Belastung in Engagement.

Neurobiologie des Sinns

Sinn aktiviert das Belohnungssystem stärker als äußere Belohnung.

Dopamin + Oxytocin → Motivation + Bindung.

Menschen mit starkem Sinnempfinden haben geringere Stressreaktionen.

Frage dich also nicht nur: Wie halte ich durch?

Sondern: Wofür will ich durchhalten?

Das Comeback-System

Ich habe über die Jahre ein Modell entwickelt, das ich in Coachings oft anwende – das Comeback-System: fünf Schritte, um nach Krisen wieder aufzustehen.

1. **Annehmen**: Erkenne, dass die Situation real ist. Kein Widerstand.
2. **Atmen**: Beruhige dein Nervensystem – keine Klarheit ohne Ruhe.
3. **Analysieren**: Was liegt in deiner Kontrolle, was nicht?
4. **Anpassen**: Triff kleine, konkrete Entscheidungen.
5. **Aufbauen**: Mach jeden Tag einen bewussten Schritt.

Klingt einfach – und ist es auch, wenn man es regelmäßig übt.

Micro-Learning-Übung:
Dein persönlicher Resilienzplan

Ziel: Eigene Strategien entwickeln, um Krisen aktiv zu begegnen.

Dauer: 15 Minuten, einmal pro Woche.

1. Was schwächt mich aktuell? (z. B. Überforderung, Konflikte, Unsicherheit)
2. Was stärkt mich? (z. B. Bewegung, Freunde, Ruhe, Struktur)
3. Welche 3 Handlungen kann ich sofort tun, um mich zu stabilisieren? (kleine, konkrete Schritte)
4. Notiere sie und platziere den Zettel sichtbar.

Das ist dein „Notfallkoffer für den Kopf".

Resilienz in Beziehungen

Resilienz ist kein Einzelprojekt.
Menschen, die stabile Beziehungen haben, erholen sich schneller von Krisen.

Nicht, weil andere ihre Probleme lösen, sondern weil Zugehörigkeit Sicherheit vermittelt

Soziale Resilienz

- Soziale Bindung aktiviert das Oxytocin-System (Beruhigungshormon).
- Gespräche mit empathischen Menschen regulieren das Nervensystem.
- Isolation verstärkt dagegen Stresssignale und Grübeln.

Praxis-Tipp:

Führe ein „Verbindungsgespräch“ pro Woche – kein Smalltalk, sondern echtes Zuhören.

Frage: „Wie geht es dir – wirklich?“
Diese Gespräche wirken wie mentale Medizin

Wenn alles zusammenbricht

Ich habe in meinem Leben Rückschläge erlebt, die ich damals kaum aushalten konnte, sowohl beruflicher als auch privater Natur.

Heute sehe ich: Sie waren Lehrmeister.

Resilienz bedeutet nicht, dass du immer stark bleibst.

Sie bedeutet, dass du lernst, wieder aufzustehen – und dass du dir selbst vertraust, dass du das kannst.

Coaching-Impuls: Die wichtigste Frage

Wenn du fällst – frag dich nicht: Warum ich?

Frag: Wofür jetzt?

Diese kleine Veränderung lenkt dein Gehirn von Opferrolle zu Handlung

---

Affirmation des Kapitels

**„Ich bin stärker, als ich denke.
Jeder Rückschlag ist ein Schritt auf dem Weg zu mehr Klarheit, Vertrauen und innerer Ruhe.“**

Reflexionsfragen

1. *Was waren bisher deine größten Comeback-Momente im Leben?*
2. *Welche Strategien haben dir geholfen, wieder aufzustehen?*
3. *Wo könntest du flexibler reagieren, statt dich zu verhärten?*
4. *Wer oder was gibt dir in Krisen Halt?*
5. *Welche Bedeutung willst du künftig deinen Rückschlägen geben?*

Platz für eigene Notizen

____

____

____

____

____

____

____

____

____

____

____

Kapitel 6 – Energie statt Erschöpfung

Wie du deine Kraftquellen schützt, pflegst und bewusst auflädst.

Wenn der Akku leer ist

Ich erinnere mich an eine Zeit, in der ich morgens aufwachte und das Gefühl hatte, schon müde zu sein. Ich hatte geschlafen, aber nicht geruht. Mein Kopf war voller Aufgaben, mein Körper lief auf Sparflamme, und mein Herz hatte vergessen, warum ich das alles tat.

Ich war erschöpft – nicht, weil ich zu viel gearbeitet hatte, sondern weil ich zu wenig Energie gepflegt hatte.

Heute weiß ich:
Erschöpfung entsteht nicht nur durch Überlastung, sondern durch fehlende Erneuerung.

Energie ist keine endlose Ressource. Aber sie ist auch kein Zufallsprodukt.

Du kannst sie beeinflussen – Tag für Tag, Entscheidung für Entscheidung.

Was Energie wirklich ist

Viele denken bei Energie an körperliche Kraft oder Schlaf.

Doch Energie ist vielschichtiger. Sie ist die Summe aller Systeme, die dich am Leben halten und in Bewegung bringen:

dein Nervensystem, deine Emotionen, deine Gedanken, deine Werte.

Wenn eines dieser Systeme überlastet ist, spürst du es – manchmal als Müdigkeit, manchmal als Gereiztheit, manchmal als Leere.

Die vier Energie-Ebenen

1. **Körperliche Energie: Bewegung, Ernährung, Schlaf.**
2. **Emotionale Energie: Freude, Verbindung, Sinn.**
3. **Mentale Energie: Fokus, Klarheit, Denken in Lösungen.**
4. **Spirituelle Energie: Sinn, Werte, Richtung**

Energie ist wie ein Kontomodell:

Wenn du ständig abhebst und nie einzahlst, gerätst du in Dispo – auch emotional.

Das Paradox der Leistungsfähigkeit

Ich höre meine Teilnehmer oft sagen:
„Ich will mehr Energie, damit ich mehr leisten kann."

Ich antworte dann:
„Was wäre, wenn du weniger leisten müsstest, um mehr Energie zu haben?"

Wir verwechseln oft Produktivität mit Vitalität.
Aber Leistung ist kein Maßstab für Lebendigkeit.

Ich habe Menschen erlebt, die scheinbar alles im Griff hatten –doch innerlich ausgebrannt waren.

Und andere, die weniger taten,
aber in allem anwesend waren.

Energie hat also weniger mit Menge zu tun,
sondern mit Qualität der Aufmerksamkeit.

Coaching-Impuls: Energie folgt Bewusstsein

- Was du beachtest, wächst.
- Was du ignorierst, erschöpft sich.
- Wenn du dir nie Aufmerksamkeit schenkst, verblasst dein inneres Leuchten.

Warum wir ständig erschöpft sind

Unsere Zeit ist laut.
Wir leben in einer Dauerbeschallung aus Nachrichten, E-Mails, Terminen, Erwartungen.
Wir wechseln permanent zwischen Aufgaben – aber unser Nervensystem ist nicht für Multitasking gebaut.

Das Gehirn braucht Pausen, um Energie wiederherzustellen. Doch Pausen sind heute verdächtig.
Wer innehält, gilt schnell als faul.

Dabei ist Regeneration der neue Erfolg.

Fazit:
Energieverlust ist keine Schwäche – er ist ein physiologisches Warnsignal.

Was Erschöpfung im Gehirn bewirkt

- Dauerstress aktiviert dauerhaft das sympathische Nervensystem (Alarmzustand).
- Regeneration erfolgt über den Parasympathikus (Ruhesystem).
- Ohne bewusste Aktivierung des Parasympathikus kann das System nicht aufladen.
- Symptome: Schlafstörungen, Konzentrationsschwäche, emotionale Überreizung

Der Energiekompass

Ich arbeite in Coachings gern mit einem Modell, das ich den Energiekompass nenne.
Er zeigt vier Richtungen, die wir täglich austarieren sollten:

Richtung	Frage	Wirkung
Osten – Aktivität	Was will ich heute gestalten?	Energie wird erzeugt.
Süden – Ruhe	Wann und wie erhole ich mich?	Energie wird gespeichert.
Westen – Beziehung	Mit wem teile ich Energie?	Energie wird geteilt.
Norden – Sinn	Wofür tue ich das alles?	Energie wird erneuert.

Jede Richtung braucht Aufmerksamkeit. Wenn du zu lange nur nach Osten läufst, vergisst du, woher die Sonne kommt.

Micro-Learning-Übung: Der 3-Minuten-Check-In

Ziel: Energiequellen und -lecks bewusst wahrnehmen.
Dauer: 3 Minuten, morgens oder abends.

1. Energielevel prüfen:
Wie fühle ich mich auf einer Skala von 1–10?
2. Was gibt mir Energie?
(z. B. Musik, Natur, Gespräche, Bewegung)
3. Was zieht Energie?
(z. B. Grübeln, Konflikte, Überforderung)
4. Kleine Anpassung:
Was kann ich anders machen, um besser im Gleichgewicht zu bleiben?

Der Mythos der Dauerpower

In unserer Kultur ist Müdigkeit fast ein Tabu.
Wir sind süchtig nach Funktionieren.

Aber Dauerpower ist kein Zeichen von Stärke – sie ist ein Zeichen von Übersteuerung.

Ich erinnere mich an eine Klientin,
die ihr Burnout als „Energieproblem" bezeichnete.
Tatsächlich war es ein Erlaubnisproblem.

Sie erlaubte sich nie, Pause zu machen.
Erst als sie begann, „Nein" zu sagen,
kehrte ihre Energie zurück.

Energieverlust durch Grenzenlosigkeit

Ständige Erreichbarkeit = ständiger Alarmmodus.
Fehlende Abgrenzung führt zu chronischer Cortisol-Ausschüttung.

Grenzen sind keine Mauern, sondern Energiespeicher.
Satz zum Mitnehmen:

„Ich muss nicht alles machen, nur weil ich es kann."

Wie der Körper Energie erzeugt

Körperliche Energie ist die Basis. Sie ist die „Hardware" für mentale Leistung. Doch viele behandeln ihren Körper wie ein Werkzeug – nicht wie einen Partner.

Biologische Grundlagen der Energie

- **Bewegung**: aktiviert Mitochondrien, verbessert Sauerstoffaufnahme.
- **Schlaf**: stabilisiert Hormone, stärkt Immun- und Nervensystem.
- **Ernährung**: liefert Neurotransmitter-Bausteine (Serotonin, Dopamin).
- **Atmung**: ist die direkteste Energiequelle – sie beeinflusst jede Zelle.

**„Dein Körper ist kein Auto, das du tankst, wenn es leer ist.
Er ist ein Garten – du musst ihn pflegen, bevor er austrocknet.“**

Micro-Learning-Übung: Der Energie-Atem

1. Atme 4 Sekunden tief ein.
2. Halte den Atem 2 Sekunden.
3. Atme 6 Sekunden aus.
4. Wiederhole 5 Mal.

→ aktiviert das parasympathische System und lädt den Akku in 2 Minuten.

Mentale Energie – Fokus ist der neue Luxus

Unsere Aufmerksamkeit ist die Währung des 21. Jahrhunderts.

Was du beachtest, bestimmt deine Energie.
Aber wir leben in einer Welt der Ablenkung.

Ich nenne das „mentalen Energie-Diebstahl“:
E-Mails, Push-Nachrichten, Reizüberflutung.
Jede Unterbrechung kostet Konzentrationskraft

Der Aufmerksamkeitszyklus

Das Gehirn kann ca. 90 Minuten fokussiert arbeiten (Ultradianer Rhythmus).
Danach braucht es 10–20 Minuten Pause.
Wer regelmäßig Pausen einlegt, bleibt produktiver – und klarer.

Praxis Tipp:

Plane deinen Tag in 90-Minuten-Blöcken – nicht nach Aufgaben, sondern nach Energiephasen.

Emotionale Energie – Freude als Treibstoff

Ich hatte eine Klientin, Susanne. Sie kam damals und sagte: „Ich kann nicht mehr lachen, obwohl ich alles erreicht habe." Das war kein Mangel an Erfolg, sondern ein Mangel an emotionaler Nahrung.

Freude ist kein Luxus.
Sie ist ein biologischer Energielieferant. Humor, Musik, Bewegung, Nähe – all das erzeugt Dopamin und Endorphine.

Wer lacht, regeneriert.

Positive Emotionen im Gehirn

- Freude aktiviert das Belohnungssystem (Nucleus accumbens).
- Lachen senkt Stresshormone und stärkt Immunsystem.
- Dankbarkeit fördert Serotoninausschüttung – natürliche Stimmungsbalance.

Micro-Learning-Übung: Der Freude-Scan

1. Schreibe jeden Abend drei kleine Dinge auf, die dir Freude gemacht haben.
2. Lies sie am nächsten Morgen laut.

Das verankert positive Wahrnehmung und schärft deinen emotionalen Fokus.

Spirituelle Energie – Die Kraft der Bedeutung

Energie entsteht, wenn wir wissen, warum wir tun, was wir tun. Ohne Sinn verfliegt Kraft.
Ich habe Menschen gesehen, die unermüdlich arbeiten – aber innerlich leer sind, weil sie nicht wissen, wofür.

Sinn und Energie

- Sinn aktiviert dieselben Hirnareale wie Motivation.
- Menschen mit klaren Werten regenerieren schneller nach Stress.
- Spirituelle Energie ist nicht religiös, sondern existenziell: Das Gefühl, Teil von etwas Größerem zu sein

Coaching-Impuls: Der Sinnsatz

Formuliere deinen Satz des „Wofür“:

„Ich tue, was ich tue, weil ...“
Halte ihn einfach, ehrlich, emotional.
Er wird dein inneres Navigationssystem

Micro-Learning-Übung: Der Energieplan

Ziel: Energiequellen bewusst aktivieren.

Dauer: 10 Minuten pro Woche.

1. Liste deine Energiequellen auf.
   (Menschen, Orte, Tätigkeiten, Gedanken)
2. Liste deine Energiefresser auf.
   (Stressoren, Gewohnheiten, Konflikte)
3. Wähle eine Quelle, die du diese Woche bewusst nährst.
4. Wähle einen Fresser, den du bewusst reduzierst.

“So entsteht Balance – nicht durch Kontrolle, sondern durch Bewusstheit.”

Das Geheimnis der Regeneration

Regeneration ist kein Stillstand.

Sie ist aktive Wiederherstellung.

Sie ist der Moment, in dem dein System lernt,
alles Geschehene zu integrieren.

Ich erinnere mich an frühere Urlaube.

Ich brauchte immer mindestens drei Tage,
bis mein Kopf leiser wurde.

Erst dann kam Ruhe – und mit ihr Klarheit.

Schlaf & Gehirnreinigung

- Im Tiefschlaf aktiviert sich das glymphatische System.
- Es entfernt Stoffwechselabfälle aus dem Gehirn
- Schlafmangel stört diesen Prozess → mentale Erschöpfung.

Fazit: Guter Schlaf ist keine Faulheit – er ist mentale Wartung.

Energie ist Haltung

Energie beginnt mit einer Entscheidung:
Ich will mir wichtig genug sein, um auf mich zu achten.

Ich habe gelernt, dass Energie nicht von außen kommt.
Sie entsteht, wenn du innerlich „Ja“ zu dir sagst.
Wenn du dich selbst wie jemanden behandelst,
für den du verantwortlich bist.

Das ist kein Egoismus – das ist Selbstführung.

Affirmation des Kapitels

**„Ich schütze, nähre und erneuere meine Energie.
Ich erlaube mir Pausen, damit ich kraftvoll
leben kann.“**

Reflexionsfragen

1. *Wann hast du dich das letzte Mal wirklich erholt – körperlich und mental?*
2. *Welche Gewohnheiten kosten dich täglich Energie?*
3. *Welche kleinen Rituale geben dir Kraft?*
4. *Wie sieht dein ideales Energieniveau aus – und was hindert dich daran?*
5. *Was würdest du tun, wenn du dich voller Energie fühlen würdest?*

Kapitel 7 – Die Kunst, im Gleichgewicht zu bleiben

Wie wir lernen, zwischen Bewegung und Ruhe zu tanzen.

Leben als Pendel

Es gibt Tage, da läuft alles rund. Die Arbeit fließt, Gespräche gelingen, selbst der Verkehr scheint mitzuspielen.
Und dann gibt es Tage, an denen du das Gefühl hast, das Universum hätte sich gegen dich verschworen. E-Mails explodieren, Pläne platzen, Gedanken stolpern. Früher glaubte ich, Balance bedeute, dass alles stabil ist.

Heute weiß ich: **Balance ist Bewegung**.

Es funktioniert ähnlich wie auf einem Stand-Up-Paddle-Board. Am Anfang denkt man, es hilft ganz still stehen. Doch je starrer man steht, desto schneller fällt man ins Wasser. Erst wenn man beginnt, kleine Ausgleichsbewegungen zuzulassen, bleibt man oben.

So funktioniert Leben. Gleichgewicht heißt nicht Stillstand, sondern ständige Anpassung. Und wer das versteht, lebt leichter.

Was Gleichgewicht wirklich bedeutet

Viele Menschen stellen sich innere Balance wie eine Waage vor – auf der einen Seite Arbeit, auf der anderen Privatleben.

Doch in Wahrheit gleicht unser System eher einem Mobile: beweglich, vernetzt, empfindlich auf jedes Teil, das sich verschiebt.

Dynamisches Gleichgewicht –
Homöostase und Allostase

- Der Körper hält ständig ein inneres Gleichgewicht (Homöostase). Temperatur, Herzschlag, Hormonspiegel – alles wird reguliert.
- Unter Belastung weicht er bewusst davon ab (Allostase). Das ist keine Störung, sondern Anpassung.
- Nach der Belastung kehrt er in Balance zurück – wenn wir ihm Zeit dazu geben.

Fazit: Balance bedeutet, Belastung zuzulassen und danach zurückzufinden.

Das gilt biologisch genauso wie psychisch.
Du darfst gestresst sein. Du darfst müde sein. Die Kunst liegt nicht im Vermeiden, sondern im Zurückkehren.

Der Rhythmus des Lebens

Unser Leben ist rhythmisch Atem, Herzschlag, Schlaf, Tag-Nacht-Wechsel.

Sogar unsere Leistungsfähigkeit folgt Zyklen: etwa alle 90 Minuten durchlaufen Gehirn und Körper einen sogenannten **ultradianen Rhythmus.**

Nach jeder intensiven Phase brauchen sie 10–20 Minuten Regeneration.

Doch in unserer linearen Arbeitswelt ignorieren wir diesen natürlichen Takt. Wir fordern Dauerleistung und wundern uns über Erschöpfung

Der biologische Leistungstakt

- 90 Minuten Fokus + 15 Minuten Pause = 1 Rhythmuszyklus
- Nach 3–4 Zyklen braucht das Gehirn längere Erholung (Spaziergang, Mittagspause)
- Ohne Pausen sinkt Konzentration, Fehlerquote steigt, Stimmung kippt

Micro-Lernen bedeutet:

diese Rhythmen zu respektieren und zu nutzen –
kurze Lerneinheiten, kurze Pausen, bewusster Wechsel zwischen Spannung und Entspannung.

Der moderne Balance-Mythos

Viele glauben, Gleichgewicht sei etwas, das man erreicht – ein Ziel auf einer To-do-Liste.
Aber Balance ist kein Endzustand, sondern eine Haltung.

Ich kenne Menschen, die alles planen:
Acht Stunden Arbeit, zwei Stunden Familie, eine Stunde Sport, 30 Minuten Meditation.

Perfekter Stundenplan – aber null Leichtigkeit.
Warum? Weil sie Balance erzwingen.

Echte Balance fühlt sich nicht perfekt an,
sondern lebendig.

Coaching-Impuls: Balance ≠ Kontrolle

Kontrolle erzeugt Anspannung.
Balance entsteht durch Vertrauen.
Je mehr du versuchst, alles zu beherrschen,
desto starrer wird dein System –
und desto schneller gerät es aus der Mitte

Die vier Säulen der Balance

Über die Jahre habe ich in meiner Arbeit vier Säulen identifiziert, die gemeinsam das Fundament innerer Stabilität bilden:

1. **Körper** – spüren, was du brauchst
2. **Geist** – denken, was dich stärkt
3. **Herz** – fühlen, was echt ist
4. **Sinn** – wissen, wofür du lebst

Fehlt eine dieser Säulen,
gerät das System ins Wanken.

1. Körper – Das Fundament

Balance beginnt im Körper.

Er ist das erste Frühwarnsystem für Überlastung. Zittern, Müdigkeit, Spannung, Atemnot – das sind keine Störungen, sondern Nachrichten.

Der Körper sagt: „*Ich bin überfordert – bitte hör mir zu.*“

Körperintelligenz

- Das Nervensystem verarbeitet 90 % aller Signale unbewusst.
- Körperwahrnehmung (Interozeption) ist der Schlüssel zu emotionaler Balance.
- Je besser du körperliche Signale deuten kannst, desto früher erkennst du Stress

2. Geist – Der innere Übersetzer

Deine Gedanken interpretieren, was dein Körper erlebt.

Wenn du denkst: „Ich darf keine Fehler machen“, wird jedes Missgeschick zum Stressauslöser.

Wenn du denkst: „Ich darf lernen“, bleibst du flexibel.

Mentale Balance

- Das Gehirn liebt Fokus – aber es braucht auch Leerlauf.
- Tagträumen, Spaziergänge, Musik – das aktiviert das Default-Mode-Network (kreatives Denken).
- Gleichgewicht im Denken heißt: Wechsel zwischen konzentriertem Arbeiten und absichtslosem Fließen.

3. Herz – Das emotionale Zentrum

Balance im Herzbereich bedeutet emotionale Beweglichkeit. Nicht: „Ich bin immer glücklich", sondern: „Ich darf fühlen, was ist."
Gefühle sind Energie in Bewegung.
Wenn du sie unterdrückst, staut sich Spannung.

Herz-Hirn-Verbindung

- Das Herz sendet mehr Signale ans Gehirn als umgekehrt.
- Herzratenvariabilität (HRV) ist ein Indikator für emotionale Flexibilität.
- Tiefer, ruhiger Atem verbessert die HRV – und damit Resilienz.

4. Sinn – Die innere Richtung

Wer weiß, wofür er etwas tut, verliert sich nicht in der Hektik des Alltags.

Sinn ist der Kompass, der Balance stabilisiert.

Ich frage in Coachings oft:
„Wofür lohnt es sich, heute aufzustehen?"

Die Antwort muss nicht groß sein. Manchmal reicht:
„Um jemandem zuzuhören."

Sinn und Kohärenz

- Aaron Antonovsky prägte das Konzept des „Sense of Coherence": Verstehbarkeit – Handhabbarkeit – Sinnhaftigkeit.
- Menschen mit hoher Kohärenz empfinden Herausforderungen als integrierbar, nicht zerstörerisch.

Kurz gesagt: Wer Bedeutung findet, bleibt in Balance.

Micro-Learning-Übung: Das Wochenpendel

Ziel: Bewusstes Wahrnehmen und Steuern von Aktivität und Erholung

Dauer: 10 Minuten pro Woche

1. Zeichne eine Linie mit den Endpunkten „Anspannung" und „Entspannung".
2. Markiere, wo du dich diese Woche meist befunden hast.
3. Notiere: Was hat mich in Bewegung gebracht? und Was hat mir Ruhe geschenkt?
4. Plane für die nächste Woche bewusst einen Ausgleichstag.

Warum kleine Pausen wirken

- Schon 5 Minuten bewusster Ruhe reduzieren Cortisol.
- Mini-Breaks verbessern Kreativität um bis zu 20 %.
- Balance entsteht nicht durch große Auszeiten, sondern durch viele kleine Rückkehrmomente

Multitasking – der stille Gleichgewichtskiller

Ich habe es lange selbst betrieben – mehrere Gespräche gleichzeitig führen, E-Mails beantworten, während ich telefoniere, und abends noch „schnell etwas nachlesen".

Es fühlte sich effizient an – war es aber nicht.

Die Illusion des Multitaskings

- Das Gehirn kann nicht zwei kognitive Aufgaben gleichzeitig ausführen.
- Es springt hin und her – und verbraucht dabei 40 % mehr Energie.
- Häufiges Task-Switching reduziert Konzentrationsfähigkeit langfristig.

Fazit: Wer alles gleichzeitig macht, verliert innere Ruhe – und damit Balance.

Beispiele aus dem echten Leben

Ich erinnere mich an Britta, eine Ärztin, die zu mir kam, weil sie „ständig im roten Bereich" lebte.

Wir haben keine Wunderformel gesucht, sondern kleine Gewohnheiten verändert:
Ein bewusster Kaffee in Stille.
Drei tiefe Atemzüge zwischen Patienten.
Ein Spaziergang ohne Handy.
Nach vier Wochen sagte sie:
„Ich arbeite nicht weniger, aber es fühlt sich leichter an."

Oder Franz, ein Architekt, der meinte, Balance sei „was für Yogis". Heute beginnt er jeden Morgen mit zehn Minuten Stille im Auto, bevor er das Büro betritt – und sagt: „Ich bin präsenter als früher nach zwei Espressi."

Balance ist kein Lifestyle – sie ist Lebensintelligenz.

Micro-Learning-Übung: Der Tageskompass

Ziel: Mikro-Reflexion zur Steuerung des Gleichgewichts

Dauer: 2 Minuten morgens, 2 Minuten abends

Morgens:

- Was ist heute wirklich wichtig?
- Was darf heute leicht gehen?

Abends:

- Wo war ich im Gleichgewicht?
- Was hat mich herausgebracht – und was bringt mich zurück?

Neuropsychologische Wirkung

- Kurze Reflexion stärkt präfrontale Kontrolle.
- Selbstbeobachtung aktiviert Lernschleifen.
- Bewusstes „Zurückschauen" fördert emotionale Integration.

Der Tanz zwischen Arbeit und Leben

Ich mag den Ausdruck Work-Life-Balance eigentlich nicht.
Er klingt, als wären Arbeit und Leben Gegensätze.
Aber Arbeit ist Teil des Lebens.
Die wahre Frage lautet:
Wie arbeite ich, damit ich lebe – nicht anstatt zu leben?

Wenn du das schaffst,
verändert sich dein Gefühl für Zeit.
Du arbeitest konzentrierter,
lebst bewusster,
und fühlst dich gleichzeitig ruhiger.

Coaching-Impuls: Arbeit als Energiequelle

Wenn du tust, was deinen Werten entspricht,
gibt Arbeit Energie.

Wenn du dagegen an deinen Werten vorbei arbeitest, kostet sie dich Kraft – egal, wie erfolgreich du bist.

Wenn das Gleichgewicht verloren geht

Manchmal gerät alles aus der Bahn: Krankheit, Verlust, Krise. Dann nützt kein perfekter Plan – nur Geduld.
Ich erinnere mich an meine eigene Phase des Ausbrennens.
Ich wollte wieder „funktionieren“. Doch Heilung kam erst, als ich aufhörte, mich zu drängen.

Balance kehrt nicht zurück, wenn du sie erzwingst,
sondern wenn du dich wieder spürst.

Der Selbstregulationszyklus

1. **Wahrnehmen** – *Ich bin aus der Balance.*
2. **Benennen** – *Ich bin überfordert, traurig, müde.*
3. **Beruhigen** – *Ich atme, ich gehe, ich rede.*
4. **Handeln** – *Ich tue das Nächste, was guttut.*

So entsteht Rückkehr, nicht Perfektion.

Balance als Lebenskompetenz

Mit der Zeit lernst du, dass Balance kein Ziel ist, das du erreichst, sondern ein Werkzeug, das du benutzt.

Du beginnst, Spannungen nicht mehr zu fürchten, sondern als Signal zu verstehen.
Balance bedeutet, den eigenen Rhythmus zu ehren.

Ich sage oft zu meinen Klient:innen:
„Finde deinen persönlichen Takt – und lass dich nicht vom Tempo der Welt aus der Ruhe bringen."

Das ist Selbstführung in Reinform.

Affirmation des Kapitels

„Ich erlaube mir, aus der Mitte zu fallen – weil ich weiß, wie ich zurückkehre."

Reflexionsfragen

1. *Wann fühlst du dich in Balance – und woran erkennst du es?*
2. *Welche Gewohnheit bringt dich regelmäßig aus dem Gleichgewicht?*
3. *Welche kleine tägliche Routine hilft dir, wieder in die Mitte zu finden?*
4. *Welche „Energie-Richtungen“ deines Kompasses brauchen mehr Beachtung?*
5. *Wie kannst du Bewegung und Ruhe in deinem Alltag versöhnen?*

Platz für eigene Notizen

____

____

____

____

____

____

____

____

____

____

____

Kapitel 8 – Das Prinzip der Selbstführung

Wie du lernst, dir selbst ein guter Kapitän zu sein.

Wenn keiner mehr am Steuer sitzt

Ich erinnere mich an einen Herbstmorgen vor einigen Jahren. Ich war erschöpft, gereizt, innerlich leer – und gleichzeitig unfähig, einen Gang herunterzuschalten.

Ich stand in meinem Büro, blickte auf meine To-do-Liste und fühlte mich wie ein Passagier in meinem eigenen Leben.

In diesem Moment begriff ich:

Ich hatte geführt – aber nicht mich selbst.
Ich war beschäftigt, effizient, verlässlich.

Doch ich war nicht bewusst.
Ich glaube, viele Menschen kennen dieses Gefühl.

Man fühlt sich wie ein kleiner emsiger Hamster im Hamsterrad, tagein tagaus damit beschäftigt, sein Rad zu drehen.

Man lebt im „Tun", verliert aber die Verbindung zum „Sein".

Selbstführung bedeutet, diese Verbindung wiederherzustellen.

Sie ist die Fähigkeit, sich selbst in Bewegung zu halten, ohne sich dabei zu verlieren.

Was Selbstführung wirklich ist

Selbstführung ist kein Konzept für Manager.

Sie ist eine Lebenskompetenz.

Sie bedeutet, Verantwortung für die eigene Energie, Richtung und Haltung zu übernehmen – nicht aus Zwang, sondern aus Reife.

Ich sage es gern so:

Selbstführung ist, wenn du innerlich ruhig bleibst, während außen alles wackelt.

Definition nach modernen Führungsmodellen

- Selbstführung = bewusste Steuerung von Denken, Fühlen und Handeln.
- Kernkompetenzen: Selbstreflexion, Selbststeuerung, Selbstmotivation.
- Ziel: authentisches, kohärentes Verhalten unter wechselnden Bedingungen.

"Die einzige Arbeit, die sich auf Dauer wirklich lohnt, ist die Arbeit an sich selbst."

Führung beginnt innen

Früher dachte ich, gute Führung bedeute, immer stark zu wirken.

Heute weiß ich: Gute Führung beginnt, wenn du lernst, mit deiner eigenen Unsicherheit umzugehen.

Ich erinnere mich an einen jungen Unternehmer, Tom, den ich coachte. Er sagte: „Ich fühle mich wie ein Schauspieler, der einen Chef spielt."

Wir arbeiteten an seiner inneren Haltung – nicht an seiner Körpersprache.

Nach einigen Wochen kam er zu mir und sagte:
„Ich bin nicht selbstsicherer geworden, aber ich bin mir selbst nähergekommen."

Das ist Selbstführung: nicht das Bild zu verbessern, sondern die Beziehung zu sich selbst.

Die drei Dimensionen der Selbstführung

1. Selbstbewusstsein – Erkennen, wer du bist und was du brauchst.
2. Selbststeuerung – Emotionen und Verhalten regulieren.
3. Selbstverantwortung – Entscheidungen treffen, die dir entsprechen.

Der innere Kompass

Selbstführung braucht einen Kompass, keinen Fahrplan.

Ein Fahrplan sagt dir, wann du wo sein musst.
Ein Kompass zeigt dir, wo dein Norden liegt – auch, wenn du dich verirrst.

Dein innerer Kompass besteht aus deinen Werten.
Wenn du sie kennst, musst du weniger kämpfen – du weißt einfach, wann du richtig liegst.

Beispiel 1 – Der Vater, der zu spät merkte, dass er nie da war

Ich arbeitete vor ein paar Jahren mit Bernd, einem Geschäftsführer, der jeden Tag um 7 Uhr das Haus verließ und spät zurückkam.

„Ich tue das für meine Familie", sagte er. Eines Abends stand er in der Tür, und seine Tochter fragte:
„Papa, warum wohnst du eigentlich hier, wenn du nie da bist?"

Er erzählte mir später, das sei der Moment gewesen, in dem er beschloss, nicht mehr der Schnellste, sondern der Anwesendste zu sein.

Heute arbeitet er weniger Stunden – und führt sein Team ruhiger als je zuvor.

Selbstführung bedeutet nicht, mehr zu schaffen, sondern mehr Sinn in dem zu finden, was du tust.

Das Prinzip der Klarheit

Selbstführung heißt, klar zu sehen – nicht nur, was du tust, sondern warum du es tust.

„Wenn du nicht weißt, was dir wichtig ist,
entscheidet der lauteste Reiz für dich."

Psychologische Klarheit

- Klarheit reduziert Entscheidungsstress.
- Das Gehirn bevorzugt einfache, sinnvolle Ziele.
- Unklare Prioritäten führen zu Reibungsverlust (Cognitive Load).

Frage:
Was ist für dich heute wirklich wichtig –
und was ist nur laut?

Micro-Learning-Übung: Die 3-Kreise-Methode

Ziel: Bewusste Fokussierung auf das Wesentliche.

Dauer: 10 Minuten, einmal pro Woche.

1. Zeichne drei Kreise: wichtig, unterstützend, optional.
2. Notiere deine aktuellen Aufgaben.
3. Verschiebe sie ehrlich in die passenden Kreise.
4. Frage dich: Was passiert, wenn ich das „Optionale" einfach lasse?

Diese Übung schafft mentale Ordnung – und oft überraschende Freiheit.

Ich selbst habe lange gebraucht, um zu verstehen, dass Kontrolle nicht dasselbe ist wie Führung. Manchmal ist das größte Zeichen von Selbstführung nicht, durchzuhalten - sondern anzuhalten.

Emotionen als Steuerinstrument

Gefühle sind kein Störfaktor, sie sind Signale.
Wer sie ignoriert, verliert Orientierung.

Gefühle wollen gesehen werden, nicht verdrängt.
Das ist kein Schwächezeichen – das ist Regulation

Micro-Learning-Übung: Emotionen benennen

Ziel: Emotionen bewusst wahrnehmen.

Dauer: 30 Sekunden pro Emotion.

1. Wenn du spürst, dass dich etwas beschäftigt, sag dir leise: „Ich bin ..." und ergänze das Gefühl. (z. B. „Ich bin enttäuscht", „Ich bin verunsichert").
2. Nimm wahr, wie sich das Gefühl verändert, sobald du es benennst.

Beispiel 2 – Die Unternehmerin und der Spiegel

Eine berufstätige Mutter, Antje, erzählte mir,
sie habe sich im Badspiegel angesehen und gedacht:

„Ich erkenne mich nicht wieder."
Sie hatte Erfolg, Familie, Ansehen –
aber keine Verbindung mehr zu sich.

Wir begannen, kleine Selbstführungsrituale einzubauen:

Morgens fünf Minuten Stille mit einer Tasse Tee.
Einmal die Woche: ein Spaziergang ohne Ziel.

Nach drei Monaten sagte sie:
„Ich habe mich wiedergefunden – nicht, weil sich mein Leben verändert hat, sondern weil ich wieder bei mir bin."

Selbstführung ist manchmal nichts anderes als Rückkehr.

Die Kunst der Entscheidung

Selbstführung zeigt sich in Entscheidungen.
Nicht in den großen, spektakulären Momenten, sondern in den stillen Alltagen.

Was isst du, wenn du müde bist?

Wem hörst du zu, wenn du erschöpft bist?

Wie redest du mit dir, wenn du versagst?

Diese kleinen Entscheidungen formen dein Leben.

Neuropsychologie der Entscheidung

Jede bewusste Entscheidung stärkt den präfrontalen Cortex.
Unbewusste Entscheidungen folgen alten Belohnungsmustern.
Wiederholte Selbstbestimmung erzeugt „Selbstwirksamkeitseffekte".
Fazit: Entscheidungen trainieren Selbstführung – auch, wenn sie klein sind

Micro-Learning-Übung: 5 Sekunden Klarheit

Ziel: Entscheidungskompetenz stärken.

Dauer: 5 Sekunden pro Entscheidung.

Wenn du vor einer Wahl stehst, halte kurz inne und frage:

1. Will ich das wirklich – oder denke ich, ich sollte?
2. Tut mir das gut – oder dient es nur meinem Ego?
3. Werde ich danach mehr Energie haben – oder weniger?

Diese 5 Sekunden verändern langfristig deine Richtung.

Selbstdisziplin vs. Selbstfreundlichkeit

Selbstführung ist die Balance aus Disziplin und Nachsicht.
Ich nenne sie: freundliche Konsequenz.
Zu viel Disziplin – du wirst hart.
Zu viel Nachsicht – du bleibst stehen.
Die Mitte: liebevolle Klarheit.

Die Rolle des inneren Dialogs

- Harte Selbstgespräche aktivieren Stressnetzwerke.
- Freundlicher, klarer Ton erhöht Motivation und Ausdauer.
- Gehirn reagiert auf innere Sprache ähnlich wie auf äußere Kommunikation.

„Sprich mit dir wie mit jemandem, dem du vertraust – nicht wie mit jemandem, den du dauernd korrigierst."

Beispiel 3 – Der Burnout, der zum Wendepunkt wurde

Martin, Mitte fünfzig, erfolgreicher Unternehmer, kam zu mir, nachdem er wegen Burnout drei Monate pausieren musste.

„Ich habe alles richtig gemacht", sagte er,
„aber ich habe vergessen, für wen."
Wir arbeiteten an seiner inneren Haltung.

Er lernte, dass Selbstführung bedeutet, nicht nur Ziele zu setzen, sondern auch Grenzen.

Heute führt er sein Unternehmen mit halber Arbeitszeit – und doppeltem Fokus.

Er sagt:

„Früher wollte ich alles im Griff haben.
Heute will ich im Fluss bleiben."

Selbstführung ist kein Management-Tool.

Sie ist eine Art zu leben.

Micro-Learning-Übung: Das Tagesprotokoll

Ziel: Bewusstheit und Prioritäten schärfen.

Dauer: 5 Minuten abends.

1. Was habe ich heute bewusst entschieden?
2. Was habe ich automatisch getan?
3. Was hat mir Energie gegeben?
4. Wo habe ich sie verloren?
5. Was nehme ich mir für morgen vor?

Diese Übung verwandelt Routine in Erkenntnis.

Selbstführung in Krisen

Echte Selbstführung zeigt sich, wenn die Umstände nicht planbar sind. In Krisen, wenn alles laut wird, brauchst du einen ruhigen Ort in dir.

Ich erinnere mich nur zu gut an den Beginn der Pandemie. Dieses Gefühl der Entmündigung und persönlicher Ohnmacht traf damals vor allem die Unternehmer unter meinen Klienten hart.

Immer wieder hörte ich Sätze wie: „Ich weiß gar nicht, wo ich anfangen soll."
Wir begannen mit dem Einfachsten:
atmen, schlafen, essen, bewegen.

Dann die Frage: „Was liegt jetzt in deiner Kontrolle?" So baut man Führung auf – nicht mit Kontrolle, sondern mit Bewusstheit.

Der Resilienz-Link

- Selbstführung ist angewandte Resilienz.
- Sie macht aus Stress Reaktion → Reflexion → Handlung.

Das Ergebnis: emotionale Souveränität.

Selbstführung als gelebte Verantwortung

Ich glaube, Selbstführung ist eine Form der Liebe.

Nicht romantisch, sondern existenziell.

Es ist die Liebe zu einem Leben, das du bewusst gestaltest.

Ein Leben, in dem du dir selbst treu bleibst,
auch wenn es unbequem wird.

„Wenn du dich führst, bist du kein Opfer der Umstände mehr. Du bist Gestalter."

Affirmation des Kapitels

**„Ich bin verantwortlich für meinen Kurs.
Ich führe mich mit Klarheit, Vertrauen und Freundlichkeit."**

Reflexionsfragen

1. Wo führst du dich – und wo wirst du noch geführt?
2. Welche deiner Entscheidungen basieren auf Angst statt auf Klarheit?
3. Was bedeutet es für dich, dir selbst treu zu sein?
4. Wie klingt dein innerer Führungsstil – streng, weich, unklar, ermutigend?
5. Welche eine Gewohnheit würde deine Selbstführung spürbar stärken?

Platz für eigene Notizen

Kapitel 9 – Selbstvertrauen & Wachstum

Wie du lernst, dir wieder zu glauben.

Als das Vertrauen brüchig wurde

Es gibt Momente im Leben, in denen wir an uns selbst zweifeln, obwohl wir objektiv alles richtig gemacht haben.

Ich erinnere mich an einen solchen Moment.
Ein Projekt, das mir am Herzen lag, war gescheitert.

Nicht, weil ich zu wenig getan hatte – sondern weil Dinge passiert waren, die ich nicht kontrollieren konnte.

Ich saß da, vor mir ein leerer Bildschirm, und dachte:
Vielleicht kann ich es einfach nicht mehr.

Es war dieser Satz – „*Ich kann nicht mehr*" – der alles veränderte.

Nicht, weil er stimmte, sondern weil ich ihn glaubte.

Selbstvertrauen ist das Fundament, auf dem wir stehen. Wenn es bricht, wankt alles – egal, wie erfolgreich, klug oder erfahren du bist.

Aber das Gute ist: Es lässt sich wieder aufbauen.

Was Selbstvertrauen wirklich ist

Viele verwechseln Selbstvertrauen mit Selbstbewusstsein.

Doch sie sind nicht dasselbe.

Selbstbewusstsein vs. Selbstvertrauen

Begriff	Bedeutung	Wirkung
Selbstbewusstsein	Wissen, wer du bist.	Erkenntnis.
Selbstvertrauen	Glaube daran, dass du mit Herausforderungen umgehen kannst.	Handlungs-fähigkeit.

Selbstvertrauen entsteht,
wenn du wiederholt erlebst: „Ich kann mir selbst vertrauen."
Nicht, weil alles gelingt, sondern weil du weißt, dass du mit dem umgehen kannst, was nicht gelingt.

Das ist kein angeborenes Talent. Es ist die Summe vieler kleiner Erfahrungen mit dir selbst.

Warum Vertrauen schwindet

Vertrauen verschwindet selten plötzlich.
Es erodiert – leise, schleichend.
Oft durch zu hohe Erwartungen, Vergleiche, Kritik oder Dauerstress.

Ich habe Menschen erlebt, die sich systematisch selbst überfordert haben. Nicht, weil sie versagen wollten, sondern weil sie beweisen wollten, dass sie stark sind. Aber Stärke ohne Erholung führt zu innerer Entfremdung.

Die Psychologie des Selbstzweifels

- Wiederholte Misserfolge aktivieren das Angstzentrum (Amygdala).
- Negative Selbstgespräche verstärken neuronale Bahnen des Misstrauens.
- Das Gehirn merkt sich Emotionen stärker als Fakten.

Ergebnis: Wir vergessen, was wir können, und erinnern uns nur noch daran, wie sich Scheitern anfühlt

Selbstzweifel sind keine Schwäche.
Sie sind ein Signal, dass du dich zu lange gegen dich selbst gestellt hast.

Der Kreislauf des Misstrauens

Ich nenne es den Vertrauens-Kurzschluss:

1. Du zweifelst an dir.
2. Du überkompensierst durch Kontrolle oder Perfektion.
3. Du erschöpfst dich.
4. Du siehst Erschöpfung als Beweis für Unfähigkeit.
   → Der Kreislauf schließt sich.

Der Ausweg beginnt, wenn du erkennst, dass Selbstvertrauen nicht durch Leistung wächst, sondern **durch Freundlichkeit mit dir selbst im Moment der Unsicherheit.**

Beispiel 1 – Der Ingenieur, der sich verloren hatte

Reinhard, leitender Angestellter, Mitte vierzig, kam zu mir. Nach einer Firmenumstrukturierung hatte er seinen Posten verloren.
Er sagte: „Ich dachte, ich bin jemand, weil ich gebraucht werde. Jetzt weiß ich gar nicht mehr, wer ich bin."

Wir arbeiteten daran, sein Selbstbild zu entkoppeln von seiner Funktion.

In einer Sitzung sagte er:
„Ich habe gestern meinem Sohn Mathe erklärt – und gemerkt, ich kann noch immer etwas bewegen."

In diesem Satz lag der Neubeginn.

Selbstvertrauen kehrt nicht durch Lob zurück,
sondern durch Erfahrung: *Ich wirke.*

Der innere Vertrag

Jeder Mensch hat einen stillen Vertrag mit sich selbst.

Er enthält Sätze wie:

„Ich darf erst stolz sein, wenn ..."
„Ich muss stark sein, sonst ..."
„Ich darf keine Fehler machen, sonst verliere ich ..."

Diese inneren Verträge entstehen früh, oft durch Erwartungen anderer.

Diese verinnerlichten Sätze nennt man auch **Glaubenssätze.** Sie sollen uns schützen – aber sie engen uns ein.

Kognitive Grundannahmen

- Diese inneren Glaubenssätze werden im limbischen System verankert.
- Sie steuern Wahrnehmung und Reaktion auf Erfolg oder Kritik.
- Durch bewusste Reflexion lassen sie sich umformulieren.

Micro-Learning-Übung: Der neue Vertrag

1. Schreib deine drei häufigsten Selbstforderungen auf.
2. Formuliere sie um in einen unterstützenden Satz, am besten als **Affirmation**.
   Beispiel:
   „Ich muss alles schaffen“ → „Ich darf Prioritäten setzen.“
3. Lies sie morgens laut – sieben Tage lang.

Das Gehirn braucht Wiederholung,
um neue Verträge zu glauben.

Eine **Affirmation** ist eine positive Selbstbestätigung, ein Satz, den man sich wiederholt vorsagt, um negative Gedankenmuster umzuprogrammieren, das Selbstwertgefühl zu stärken und eine positivere Sicht auf sich selbst und das Leben zu entwickeln.

Selbstvertrauen und Körpergedächtnis

Vertrauen ist nicht nur ein Gedanke – es ist ein Gefühl.
Und Gefühle wohnen im Körper.
Wenn du oft enttäuscht wurdest,
speichert dein Nervensystem das als „Alarm".

Neurobiologie des Vertrauens

- Vertrauen aktiviert das Belohnungsnetzwerk (Dopamin + Oxytocin).
- Misstrauen aktiviert das Stresssystem.
- Körperhaltung, Atmung und Muskelspannung senden Rückkopplungssignale ans Gehirn.

Coaching-Impuls:

Wenn du dich klein fühlst, richte dich auf.

Wenn du zweifelst, atme bewusst tiefer.

Körperliche Aufrichtung erzeugt mentale Aufrichtung.

Das klingt banal – ist aber Biochemie in Echtzeit

Beispiel 2 – Die Frau, die wieder lächelte

Jutta, Hausfrau, Mitte fünfzig, sagte im Erstgespräch: „Ich habe früher so gern gelacht – heute lächle ich, wenn es andere erwarten."

Wir begannen, mit Mini-Momenten des Vertrauens zu arbeiten:

Tägliche Spaziergänge, kurze Selbstgespräche, kleine Erfolgstagebuch-Notizen.

Nach vier Wochen kam sie mit leuchtenden Augen:
„Ich habe gestern laut gelacht – über mich selbst!"
Ich fragte: „Wie hat sich das angefühlt?"
Sie antwortete: „Ehrlich."

„Selbstvertrauen ist die Rückkehr zur Ehrlichkeit mit dir selbst."

Die vier Säulen des Selbstvertrauens

1. **Selbstakzeptanz** – Ich bin, wer ich bin.
2. **Selbstwirksamkeit** – Ich kann etwas bewirken.
3. **Selbstmitgefühl** – Ich darf Fehler machen.
4. **Selbstentwicklung** – Ich bleibe lernfähig.

Warum diese vier Säulen stabil sind

▯ Sie beruhen auf Erfahrung, nicht auf Meinung.
▯ Jede stärkt unterschiedliche Gehirnnetzwerke:
– Akzeptanz → emotionale Regulation
– Wirksamkeit → Belohnungszentrum
– Mitgefühl → soziales Bindungssystem
– Entwicklung → präfrontaler Cortex (Lernen)

Je öfter du auf einer dieser Säulen stehst,
desto stabiler wird dein Vertrauen.

Micro-Learning-Übung: Der Vertrauens-Check-In

Ziel: Den eigenen Standpunkt täglich prüfen.

Dauer: 3 Minuten, morgens oder abends.

Frage dich:
1. Habe ich mir heute vertraut?
2. Wann habe ich mich gegen mich entschieden?
3. Was hat mir heute Sicherheit gegeben?
4. Wem habe ich heute vertraut – und wie hat sich das angefühlt?

Diese Fragen lenken Aufmerksamkeit auf das, was funktioniert – nicht auf das, was fehlt.

Beispiel 3 – Das kleine Versprechen

Walter, Betriebsleiter einer Firma, sagte zu mir:
„Ich halte jedes Versprechen – nur nicht mir gegenüber."
Wir begannen, mit Mini-Versprechen zu arbeiten:
Ein Glas Wasser nach dem Aufstehen. Eine kurze Dehnübung. Ein ehrlicher Blick in den Spiegel.

Nach drei Wochen sagte er:
„Ich glaube mir wieder – weil ich meine kleinen Zusagen halte."

Selbstvertrauen wächst durch erfüllte Selbstversprechen.
Nicht groß, sondern konsequent.

Wie Wachstum entsteht

Viele glauben, Wachstum sei linear.In Wahrheit ist es zyklisch: Aufbruch, Zweifel, Stagnation, Durchbruch.

Selbstvertrauen ist kein „Ich kann alles“. Es ist ein „Ich halte mich aus, auch wenn ich es gerade nicht kann.“

Psychologisches Wachstum

- Posttraumatisches Wachstum beschreibt positive Veränderung nach Krisen.
- Es entsteht durch Akzeptanz, Sinnsuche und neue Perspektiven.
- Wachstumsprozesse sind langsam, aber dauerhaft.

Micro-Learning-Übung: Der Wachstumsrückblick

Ziel: Fortschritt sichtbar machen.

Dauer: 10 Minuten, einmal pro Woche.

1. Notiere drei Situationen, in denen du dich überwunden hast.
2. Schreibe dazu: Was habe ich dabei gelernt?
3. Lies nach vier Wochen alle Notizen.
4. Markiere, was heute selbstverständlich für dich ist.

So wird Entwicklung sichtbar – und Selbstvertrauen messbar.

Beispiel 4 – Das Comeback

Oliver verlor nach 26 Jahren seine Firma.
Er sagte: „Ich habe versagt."

In der ersten Sitzung fragte ich ihn:
„Wenn dein bester Freund in deiner Lage wäre – was würdest du ihm sagen?" Er schwieg, dann: „Ich würde sagen, dass er alles gegeben hat." Ich fragte: „Warum gilt das nicht für dich?"

Er lächelte bitter. Drei Monate später gründete er neu. Nicht, um sich zu beweisen, sondern, weil er wieder Vertrauen spürte. Er sagte: „Ich bin nicht mehr derselbe – ich bin ehrlicher geworden."

Wachstum bedeutet nicht, wieder zu werden, wer du warst. Es bedeutet, neu zu werden, wer du bist.
Selbstvertrauen und Zukunft

Wenn du dir vertraust, brauchst du weniger Kontrolle. Du darfst Pläne machen – ohne Angst, wenn sie scheitern. Denn du weißt: Du findest Wege.

Selbstvertrauen heißt: Ich gehe los, obwohl ich den Weg nicht kenne.

Coaching-Impuls: Vertrauen als Vorleistung

Vertrauen entsteht, wenn du handelst, bevor du sicher bist.
Nicht nach dem Erfolg, sondern davor.
Jedes Mal, wenn du dich traust,
trainierst du dein inneres Sicherheitsgefühl

Affirmation des Kapitels

**„Ich glaube mir selbst.
Ich wachse mit jedem Schritt – auch
mit den unsicheren."**

Reflexionsfragen

1. Wann hast du das letzte Mal dir selbst vertraut – und was ist daraus entstanden?
2. Welche alten Überzeugungen untergraben dein Vertrauen?
3. Was wäre anders, wenn du dir 10 % mehr zutrauen würdest?
4. Wie fühlt sich Vertrauen in deinem Körper an?
5. Welche kleine Handlung könnte heute dein Selbstvertrauen stärken?

Kapitel 10 – Das Leben als Prozess

Warum Ankommen nicht das Ziel ist.

Das Ende, das keines ist

Ich erinnere mich an einen stillen Sonntagmorgen. Ich saß mit einer Tasse Kaffee auf der Terrasse, und zum ersten Mal seit langer Zeit war kein Ziel in meinem Kopf.

Keine To-do-Liste, kein nächster Meilenstein, kein „Was kommt danach".

Nur ein Gefühl von Frieden – und die leise Erkenntnis: *Vielleicht geht es gar nicht ums Ankommen.*

Lange dachte ich, Leben sei ein Projekt.

Etwas, das man planen, kontrollieren, abschließen kann. Aber das Leben lässt sich nicht managen. Es lässt sich nur leben.

Dieser Gedanke war befreiend – und beunruhigend zugleich.

Denn wenn du nichts mehr „erreichen" musst, bleibt nur noch eines: du selbst.

**"Das Leben lässt sich nicht managen.
Es lässt sich nur leben."**

Das Missverständnis vom Ziel

Wir sind in einer Kultur aufgewachsen, die Ziele liebt. „Was willst du erreichen?“, „Was ist dein nächster Schritt?“, „Wo siehst du dich in fünf Jahren?“

Das sind wertvolle Fragen – aber nur, wenn sie nicht zur Falle werden.

Ziele geben Orientierung, aber sie sind keine Garantie für Erfüllung. Ich habe Menschen erlebt, die ihre Träume verwirklichten und trotzdem unglücklich waren.

Zielorientierung vs. Prozessbewusstsein

Haltung	Fokus	Emotionale Folge
Zielorientiert	Ergebnis	Druck, Vergleich, Bewertung
Prozessorientiert	Weg, Lernen, Wachstum	Gelassenheit, Neugier, Sinn

Der Unterschied liegt im inneren Dialog:
„Ich muss ankommen“ macht eng.
„Ich darf unterwegs sein“ macht frei.

Leben in Schleifen

Ich vergleiche das Leben oft mit einer Spirale:
Du kehrst an vertraute Punkte zurück –
nur auf einer anderen Ebene.

Ein Konflikt, der dich vor Jahren lähmte,
fühlt sich heute anders an.
Nicht, weil er verschwunden ist,
sondern weil du gewachsen bist.

Wachstum ist kein Sprint.
Es ist ein leises Kreisen mit zunehmender Tiefe.

Coaching-Impuls:
Wiederkehr ist Entwicklung

Wenn sich Themen wiederholen,
heißt das nicht, dass du stehen bleibst.
Es heißt, dass du jetzt die Chance hast,
mit mehr Bewusstsein darauf zu reagieren.

Das Vertrauen in den Wandel

Früher wollte ich, dass Dinge bleiben.
Menschen, Erfolge, Zustände.
Heute sehe ich:
Alles verändert sich – immer.
Das zu akzeptieren, ist vielleicht die größte
Reifeleistung

Denn Wandel ist nicht dein Feind.
Er ist das, was dich lebendig hält.

Wenn du lernst, diesen Widerspruch nicht zu bekämpfen, sondern zu umarmen, entsteht innere Ruhe.

Die Psychologie des Wandels

- Das Gehirn liebt Vertrautes (Sicherheitsprinzip).
- Gleichzeitig braucht es Neues (Neuroplastizität).
- Der Widerspruch zwischen Stabilität und Veränderung ist der Motor des Lebens.

Beispiel 1 – Der Mann, der neu begann

Hagen, ein Beamter, 62 Jahre alt, kam zu mir nach seiner Pensionierung. Er sagte: *„Ich habe 40 Jahre gearbeitet, aber keine Ahnung, wie man lebt, wenn man nicht arbeitet.“*

Wir sprachen über Gewohnheiten, Identität, Leere.
Nach ein paar Wochen begann er, morgens einfach spazieren zu gehen – ohne Ziel, ohne Schrittzähler.
„Ich lerne gerade, nichts zu müssen“, sagte er.
Ein halbes Jahr später schrieb er ein Kinderbuch.

Das Leben schreibt neue Kapitel,
wenn du aufhörst, die alten festzuhalten.

Das Geschenk der Unsicherheit

Unsicherheit ist unangenehm – aber sie ist auch der Raum, in dem Neues entsteht. Wer Sicherheit braucht, bevor er handelt, wird ewig warten.

Neurobiologie der Unsicherheit

- Unsicherheit aktiviert das Angstzentrum (Amygdala).
- Durch bewusste Atmung und Reframing kann sie in Neugier umgewandelt werden.
- Das Belohnungssystem reagiert positiv auf „Lernunsicherheit".

Coaching-Impuls:

Stell dir Unsicherheit wie ein leeres Blatt vor.
Es ist beängstigend, ja.

Aber es ist auch die einzige Fläche,
auf der du Neues schreiben kannst.

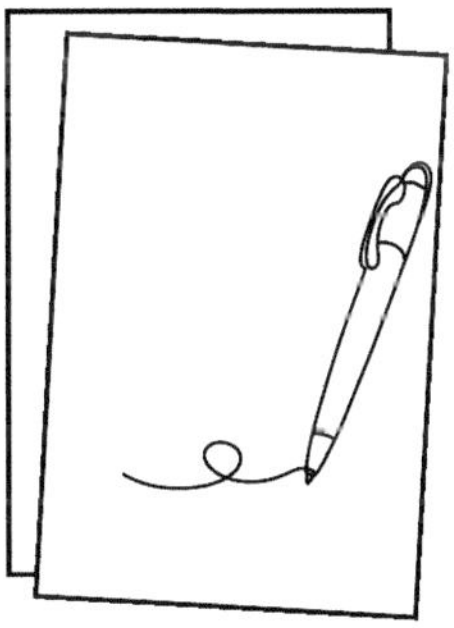

Micro-Learning-Übung: Der Beobachter

Ziel: Gelassenheit gegenüber Veränderung trainieren

Dauer: 5 Minuten täglich

1. Nimm eine Situation, die dich gerade beschäftigt.
2. Sag dir innerlich: „Ich beobachte, was geschieht."
3. Schau, was passiert, wenn du nicht sofort bewertest.
4. Wiederhole: „Ich muss nichts kontrollieren, nur verstehen."

Diese Übung verschiebt den Fokus vom Reagieren zum Wahrnehmen – vom Drama zur Perspektive.

Beispiel 2 – Die Frau mit dem halben Garten

Natalie, eine Klientin, hatte nach einer Trennung das gemeinsame Haus behalten, aber sie konnte den Garten nicht betreten. „Zu viele Erinnerungen", sagte sie.
Ich bat sie, nur die Hälfte des Gartens zu pflegen.

Nach zwei Monaten hatte sie alles umgestaltet – und dann die andere Hälfte dazu genommen.

„Ich habe ihn mir Stück für Stück zurückgeholt", sagte sie lächelnd.

So ist Leben:
Du heilst, indem du den Raum zurückeroberst,
den du dir selbst überlassen hast.

Vom Selbstoptimierer zum Selbstgestalter

Ich sehe überall Programme:
„Besser werden“, „Mehr erreichen“, „Schneller wachsen“.

Aber was, wenn es nicht darum geht, besser zu werden – sondern **echter**?

Selbstoptimierung vs. Selbstgestaltung

Ansatz	Fokus	Folge
Selbstoptimierung	Leistung, Vergleich	Druck, Erschöpfung
Selbstgestaltung	Bewusstsein, Ausdruck	Freiheit, Erfüllung

Selbstgestaltung heißt:

Ich mache aus meinem Leben kein Projekt,
sondern ein Werk.

Das Prinzip der Integration

Alles, was du gelernt hast – über Resilienz, Energie, Sprache, Balance, Selbstführung, Vertrauen – ist kein Werkzeugkasten, den du „anwenden“ musst.
Es ist ein System, das sich gegenseitig trägt.

Integration statt Perfektion

- Lernen wird erst wirksam, wenn es Teil deiner Identität wird.
- Wiederholung + Reflexion = Verkörperung. Integration ist leiser als Veränderung – aber nachhaltiger.

Es geht darum, die Wahrnehmung zu verlagern vom Fokus auf fehlerfreie Ergebnisse hin zu einem integrierten wertschätzenden Prozess, der aus ein System von verschiedenen Aspekten besteht.

Es geht darum, wie in den vorherigen Kapiteln gezeigt sich selber gegenüber Fehler als Lernchancen zuzulassen und auch kleine Fortschritte zu erkennen.

Micro-Learning-Übung: Die Rückschau

Ziel: Das eigene Wachstum sichtbar machen.

Dauer: 15 Minuten, einmal im Monat.

1. Lies alte Notizen, Journale oder Erinnerungen.
2. Notiere: Was hat sich verändert – in meinem Denken, Handeln, Fühlen?
3. Frage dich: Was davon will ich behalten? Was darf gehen?
4. Beende mit dem Satz: „Ich bin unterwegs – und das ist genug.“

Diese Übung stärkt Dankbarkeit und Selbstbewusstsein zugleich.

Wenn du heute innehältst und dich fragst:
„Was habe ich eigentlich schon verändert?“ –
die Antwort ist: Mehr, als du denkst.

Beispiel 3 – Der Neustart mit 70

Ein älterer Teilnehmer erzählte mir, er habe mit 70 angefangen, Gitarre zu lernen.
„Ich wollte nie Musiker werden“, sagte er, „aber ich wollte wieder Anfänger sein.“

Dieser Satz hat mich berührt.

Denn genau das ist Lebendigkeit:
die Bereitschaft, sich neu zu entdecken.
„Wachstum hört nicht mit Erfahrung auf –
es beginnt mit Neugier.“

Das Paradox des Lebens

Wir wollen Sicherheit – und Sehnsucht.
Struktur – und Freiheit.
Nähe – und Autonomie.

Das Leben besteht nicht darin, einen Pol zu wählen, sondern darin, zwischen ihnen zu tanzen.

**„Wachstum hört nicht mit Erfahrung auf –
es beginnt mit Neugier.“**

Coaching-Impuls: Das Paradox annehmen

Versuch nicht, das Leben zu „lösen".
Lebe es.

Manchmal ist das größte Zeichen von Stärke, Widersprüche auszuhalten, ohne sie zu erklären.

Wenn alles Sinn ergibt

Es gibt Momente,
in denen du zurückblickst und plötzlich verstehst,
warum etwas so geschehen musste.

Diese Klarheit kommt nie, wenn du sie suchst.
Sie kommt, wenn du bereit bist, den Weg zu ehren, den du gegangen bist.

Ich habe gelernt, dass das Leben weniger von Plänen lebt, sondern von Bedeutung.
Und Bedeutung entsteht rückwärts.

Micro-Learning-Übung: Die Landkarte

Ziel: Eigene Lebensmuster erkennen

Dauer: 30 Minuten, einmalig oder jährlich

1. Zeichne eine Linie – deinen Lebensweg.
2. Markiere Wendepunkte, Krisen, Erfolge, Zufälle.
3. Schreib daneben: Was habe ich daraus gelernt?
4. Verbinde die Punkte – du wirst sehen:
Jeder Umweg führte dich näher zu dir.

Die Psychologie des Rückblicks

- Rückblick aktiviert das Belohnungszentrum (Dopamin) – Erkenntnis = Belohnung.
- Dankbare Reflexion reduziert Angst vor Zukunft.
- Menschen mit positiver Lebensdeutung zeigen höhere Resilienz und Lebenszufriedenheit

Beispiel 4 – Mein eigener Kreis

Ich erinnere mich an den Moment, an dem ich mein erstes Coachingseminar beendete.

Ich stand vor den Teilnehmern, sah in ihre Gesichter – müde, bewegt, einige nachdenklich – und dachte: Genau darum geht es.

Nicht um Perfektion, sondern um Verbindung.
Um diese stillen Augenblicke,
in denen jemand in sich selbst zurückfindet.

Ich habe in diesem Moment begriffen:
Ich mache keine Menschen „besser".
Ich erinnere sie nur daran,
dass sie schon vollständig sind.

Und vielleicht ist das auch der Sinn meines eigenen Weges.

Die Psychologie der Reflexion

Die Psychologie der Reflexion ist der Prozess der Selbstbeobachtung und des kritischen Nachdenkens über die eigenen Gedanken, Gefühle und Handlungen.
Ziel ist es, sich selbst besser zu verstehen, Probleme zu erkennen und persönliche oder berufliche Weiterentwicklung zu fördern.

Leben heißt Loslassen

Am Ende bleibt nichts Festes. Kein Status, kein Titel, kein Besitz.
Was bleibt, sind Erfahrungen, Beziehungen, Spuren.

Und der Frieden, zu wissen: Du hast gelebt – bewusst.

Loslassen ist kein Verlust. Es ist ein Akt des Vertrauens.

Die Psychologie des Loslassens

- Loslassen ist kein Vergessen, sondern Umlernen.
- Es aktiviert dieselben Netzwerke wie „Vergebung".
- Es schafft Raum für Neues, indem es Energie aus Bindung löst

Affirmation des Kapitels

**„Ich bin unterwegs.
Ich wachse, lerne, verliere und finde –
und das alles gehört zu mir.“**

Reflexionsfragen

1. *Wo kämpfst du noch gegen Veränderung – und warum?*
2. *Was hast du in den letzten Jahren über dich gelernt?*
3. *Welche deiner Erfahrungen möchtest du heute ehren?*
4. *Wie würdest du dein Leben sehen, wenn du es als fortlaufenden Prozess betrachtest?*
5. *Was darf jetzt leichter werden?*

Platz für eigene Notizen

____

____

____

____

____

____

____

Nachwort – Ein stilles Dankeschön

Wenn du bis hierhin gelesen hast,
dann hast du nicht einfach ein Buch gelesen –
du bist einen Weg mitgegangen.

Vielleicht hast du dich an manchen Stellen wiedererkannt, vielleicht warst du manchmal wütend, traurig oder bewegt.

Das ist gut.
Denn genau so beginnt Veränderung: nicht mit Wissen, sondern mit Berührung.

Ich danke dir, dass du dir selbst diese Zeit geschenkt hast.

Denn jedes bewusste Wort, jeder ehrliche Gedanke, jeder kleine Schritt auf diesem Weg macht nicht nur dein Leben besser – sondern das der Menschen um dich herum.

Bleib neugierig.

Bleib freundlich.

Bleib unterwegs – zu dir Selbst.

– Stephan Luthoff

Liste mit Affirmationen passend zum Buch

„Ich erlaube mir innezuhalten. In der Stille finde ich meine Kraft."

„Ich wähle bewusst, worauf ich meine Aufmerksamkeit richte. Mein Geist ist mein Werkzeug, nicht mein Gegner."

„Ich vertraue der Kraft kleiner Schritte. Jede bewusste Handlung ist ein Baustein meines neuen Selbst."

„Ich spreche mit mir in einer Sprache, die mir guttut. Meine Worte formen mein Denken – mein Denken formt mein Leben."

„Ich bin stärker, als ich denke. Jeder Rückschlag ist ein Schritt auf dem Weg zu mehr Klarheit, Vertrauen und innerer Ruhe."

„Ich schütze, nähre und erneuere meine Energie. Ich erlaube mir Pausen, damit ich kraftvoll leben kann."

„Ich erlaube mir, aus der Mitte zu fallen – weil ich weiß, wie ich zurückkehre."

„Ich bin verantwortlich für meinen Kurs. Ich führe mich mit Klarheit, Vertrauen und Freundlichkeit."

„Ich glaube mir selbst. Ich wachse mit jedem Schritt – auch mit den unsicheren."

„Ich bin unterwegs. Ich wachse, lerne, verliere und finde – und das alles gehört zu mir."

Weitere positive Affirmationen

“Ich glaube an mich.”

“Ich bin genug / gut / wertvoll, so wie ich bin.”

“Ich bin verbunden mit meiner inneren Ruhe.”

“Ich bin stolz auf meine Erfolge.”

“Ich vertraue darauf, dass ich alles erreichen kann, was ich mir vornehme.”

“Ich kümmere mich liebevoll um meinen Körper und meine Gesundheit.”

“Ich darf mir Zeit für mich nehmen.”

“Ich erlaube mir, Fehler zu machen und aus ihnen zu lernen.”

“Ich setze kleine, gesunde Gewohnheiten um, um mein Wohlbefinden zu verbessern.”

“Ich bin offen für liebevolle Beziehungen, die mir guttun.”

“Ich bin dankbar für die kleinen Freuden des Lebens, die mich umgeben.”

“Ich atme tief ein und aus und lasse alle Anspannung los.”

Deine Meinung zählt (wirklich)

Deine Meinung ist mir sehr wichtig.

Daher meine Bitte: wenn dir das Buch gefallen hat, scanne den QR-Code und gehe auf Amazon um eine Bewertung abzugeben. Der QR-Code führt direkt zur Bewertungsseite. Vielen Dank!

SCAN ME!

Bewerte uns bei AMAZON

★★★★★

IMPRESSUM

Titel: LEISE WIRD LAUT - Meine Reise zu mehr Gelassenheit und Resilienz

Autorin / Herausgeberin:
Stephan Luthoff, vertreten durch
Oliver Plisch, betterbooks publishing,
Saarstr. 4a, 66265 Heusweiler
Kontakt: betterbooks@gmx.de

Hinweis: Dieses Journal dient der Selbstreflexion und dem persönlichen Gebrauch. Es ersetzt keine medizinische, psychologische oder therapeutische Beratung oder Behandlung. Bei anhaltenden oder starken Beschwerden wende dich bitte an qualifizierte Fachpersonen.

Printed in Germany
by Amazon Distribution
GmbH, Erfurt

12326056R00087